万里千年
——丝路手记

龙腾 屈嫚莉 著

北京大学出版社
PEKING UNIVERSITY PRESS

内容简介

丝路三万里，过往五千年。世界上很难再找到一条如丝绸之路一样历史悠久、包容万千的路。作者在历代古籍资料的指引下，通过亲身的游历，对这条路进行了一次历史追溯与文化探寻。

这本书以丝路五千年来的"民族交融与文化交流"为线索，从历史古迹、民族风情、自然风光、特色美食等不同角度，将我国境内的两万里丝路真实、全面、立体地展现在读者面前。

书中的章节以作者的行程及丝路的分支为顺序，贯穿了陕西的西安、咸阳，甘肃的平凉、兰州、武威、张掖、酒泉、嘉峪关和敦煌，以及新疆位于唐代丝路北线的哈密、乌鲁木齐、伊犁，中线的吐鲁番、库尔勒、库车、阿克苏，南线的喀什、莎车、和田等地区的丝路记述。

书中将相关的历史古籍与背景知识通过浅显的翻译与介绍单独编排成栏，同时通过下面正文中的文字与图片印证古今。希望古今对照、图文并茂的形式，能让读者感觉丝路并不只在浩瀚的典籍与支离的梦境里。其实丝路并不遥远，她在枕边、在手上、在眼前、在舌尖……或许明天这条路也会在你的脚下。

图书在版编目(CIP)数据

万里千年：丝路手记/龙腾，屈嫚莉著. —北京：北京大学出版社，2012.9
ISBN 978-7-301-19994-7

Ⅰ.①万… Ⅱ.①龙…②屈… Ⅲ.①丝绸之路—介绍 Ⅳ.①K928.6

中国版本图书馆CIP数据核字(2012)第205571号

书　　　名：	万里千年——丝路手记
著作责任者：	龙　腾　屈嫚莉　著
责 任 编 辑：	张娴竹　张亚丽
标 准 书 号：	ISBN 978-7-301-19994-7/K·0888
地　　　址：	北京市海淀区成府路205号　100871
网　　　址：	http://www.pup.cn　http://www.pup6.cn
电　　　话：	邮购部 62752015　发行部 62750672　编辑部 62750667　出版部 62754962
电 子 邮 箱：	pup_6@163.com
印 刷 者：	北京大学印刷厂
发 行 者：	北京大学出版社
经 销 者：	新华书店
	695mm×1300mm　　32开本　　7.5印张　　204千字
	2012年9月第 1 版　　2012 年9月第 1 次印刷
定　　　价：	32.00元

未经许可，不得以任何方式复制或抄袭本书之部分或全部内容。
版权所有，侵权必究　　举报电话：010-62752024
　　　　　　　　　　　电子邮箱：fd@pup.pku.edu.cn

Preface ●●●●● 一本书的距离看丝路

　　丝绸之路是我们一直憧憬的梦，特别是游历了中原地区大部分名胜古迹之后，这个愿望愈发强烈。因为中华文化有一个明显的特点就是包容，能够包容不同种族，不同地域的各种宗教、艺术、学术等多方面的元素。想要对中华文化有更全面的认识，仅仅将足迹留在中原是不完整的。丝绸之路恰恰是多元文化交流的主要通道。在这条道路上，既有张骞出生入死、历尽艰辛的不辱使命；也有班超投笔从戎、深入虎穴的英勇气概；还有玄奘执著无悔、求经济世的终成正果；更有诗人春风不度、直斩楼兰的千古篇章……

　　我俩因为这个共同的梦想走到一起，于2011年8月开始了两个月的旅行。从繁华千年的古都西安，贴着汉唐底蕴的余温，经渭河古渡的余韵和乾陵沧桑的遗迹，从彬县溯着泾河谷地进入甘肃；甘肃有热闹千年、孤寂如今的河西走廊，平凉、兰州、武威、张掖、酒泉、敦煌串起古今的繁华与落寞，汉明长城、嘉峪关、玉门关、阳关诉说着厚重与沧桑；进入西域，从多彩的哈密到绚烂的吐鲁番，沿着丝路北线草原道经如同天使眼泪般的赛里木湖，从那拉提和巴音布鲁克草原翻越天山达坂切入丝路中线，沿着龟兹、姑墨、疏勒的故道踏上帕米尔高原，再从喀什沿昆仑山北麓的丝路南线行走莎车、和田，最后沿沙漠公路穿越塔克拉玛干沙漠后返程。

千年沉淀的丝绸之路，不变的面容藏于戈壁、沙漠、草原和雪山之间，沧海桑田的是一个个数易其名的绿洲和古国，她有着太多不为人知的面容。亲历她，不仅为了游历壮美的风光，更想好好看看她现在的模样，发掘些许过往的痕迹。

在我们旅行之前和旅行途中，都有朋友建议我们将丝路之行写下来。丝绸之路包容万象，很难只用一本书讲清楚她的前世今生；作为两名普通的旅行者和文化爱好者，怎样写才能最真实、最全面地呈现一条我们看到的丝路以及我们触摸到的丝路精神呢？

我们想以旅行笔记为线索，结合一路的照片与历代的文献整理出一本书。这本书不只是一本单纯的文化普及读本，它包含了我们对丝路文化的探寻过程；这本书也不只是一本单纯的旅行笔记，它应该能够将丝路的古今风貌呈现在读者面前，唤起更多人对丝路的向往。

丝路观咫尺，万里意悠悠。希望这本书能让更多的人关注丝路、走向丝路，走得更久、走得更远。

目录

引子——掀开丝路的面纱 1

第一篇 汉唐古都的千年余韵 9

西安：拜见玄奘「导师」 12

- 千年古都，丝路遗珍 12
- 雁塔题名，千古流芳 14
- 回民街上，美食飘香 16
- 博物馆中，寻觅丝迹 18
- 雁塔晨钟，怀念义净 20
- 起点群雕至渭水之滨 21

咸阳：感受盛唐气度 22

- 悠悠渭河，咸阳古渡 22
- 盛唐龙脉，飞龙在天 23
- 精美壁画，永泰之墓 24
- 彬县大佛，贞观二年 25
- 寻古长武，秦陇门户 27

第二篇 平凉至兰州的黄土风 29

- 平凉：佛窟道观的感动 32

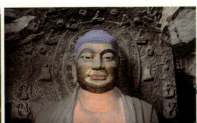

第四篇 敦煌石窟的艺术殿堂

瓜州：随风起舞入殿堂
- 桥湾古城，警钟长鸣 80
- 疏勒河底，唐代玉关 81
- 榆林河畔，回鹘公主 82
- 东千佛洞，西夏艳佛 84
- 塔儿残寺，锁阳故城 85

敦煌：悲欣交集的沉醉 77
- 登上鸣沙山，夕照月牙泉 87
- 莫高窟，壁画雕塑列明珠 88
- 莫高窟，伤心文书「莫高哭」 97
- 窟中如梦，梦里飞天 99
- 先辞故人，再别春风 100
- 魔鬼城中多魑魅 103
- 苍茫大海道，戈壁落日圆 104

酒泉嘉峪关：酒泉酒美、嘉峪雄哉
- 河山环带，御酒泉香 74
- 夕照关楼，嘉峪雄哉 74
- 风蚀冰沟，鬼斧神工 73
- 丹霞魔幻，五彩泥岩 71
- 走马蹄寺，日出动经幡 69
- 张掖访古，甘州览胜 66
- 失我胭脂山，妇女无颜色 65

第六篇 丝路中线的风雪沧桑

吐鲁番：骄阳似火、热情洋溢 147
- 一心直奔高昌故城 150
- 古老神秘的吐峪沟 150
- 名声在外的阿斯塔纳 152
- 让人叹息的柏孜克里克 153
- 酷热的火州火焰山 154
- 迷上吐鲁番的墓志文书 155
- 交河故城的炎炎烈日 156
- 火州的理想避暑胜地 158

库尔勒：途经焉耆故地的孔雀河 160
- 在库尔勒追忆焉耆故城 162
- 徘徊在老城的加麦清真寺 162

库车：龟兹古国的沧桑旧迹 163
- 壮美的库车大峡谷 165
- 流连库车的夜市和早市 166

巴音布鲁克：漫漫草原、悠悠河畔
- 美妙的巴音烤肉串 142
- 乘风而醉的天鹅湖 142
- 落日长河的九曲十八弯 143
- 行在天边的独库公路 144

醉人的那拉提空中草原 140

第三篇 河西走廊的烽火连天

兰州：马踏飞燕的千年穿越

- 南石窟寺，佛国惊艳 … 32
- 天子不返，王母留踪 … 33
- 柳湖公园，左公遗迹 … 34
- 崆峒问道，暖暖人间 … 36
- 巍巍六盘，千古战场 … 38
- 兰州拉面，金城美食 … 40
- 苍茫黄河水，沧桑炳灵寺 … 41
- 甘肃省博，管窥丝路 … 44
- 黄河岸边，兰州风情 … 45

武威：收取凉州入汉家 … 47

- 神奇天祝，美丽藏乡 … 50
- 河西八月天，风雪乌鞘岭 … 50
- 河西据根本，凉州寻古迹 … 51
- 雨中天梯，劫余大佛 … 53
- 祁连山下，白塔会盟 … 55
- 永昌信步，山水园林 … 57

张掖：张己之掖、断敌之臂 … 58

- 初见积雪，拥抱祁连 … 60
- 山丹长城，烽障连天 … 60
- 山丹草滩，天马乐园 … 61

第五篇 丝路北线的脉脉草原

哈密：踏上西域第一国 … 107

- 踏上新疆，访古哈密 … 110
- 狩不及防邂逅木卡姆 … 110
- 烈日当空，鬼蜮徒步 … 111
- 五堡的葡萄大枣，哈密的瓜 … 112
- 忘死松树塘，仰望天山庙 … 114
- 草原粮仓，大河唐城 … 116
- 天山留古道，烽燧连北庭 … 118
- 盐湖之畔，草原牧歌 … 119

乌鲁木齐：亚欧中心、西域都市 … 120

- 可惜楼兰美女出差了 … 124
- 灯火不夜，览胜红山 … 124
- 二道桥的国际大巴扎 … 126
- 游在新疆，吃在乌市 … 127

伊犁：让人爱怜的天使眼泪 … 128

- 爱上赛里木湖的海蓝 … 131
- 赛里木湖畔的日落日出 … 131
- 果子沟的杉林与溪流 … 133
- 惠远古城觅林公树 … 134
- 神奇不已的汉人街 … 135
- 宛如梦寐的伊犁河落日 … 137

第七篇 丝路南线的高原情怀与民族风情

阿克苏：沿着水果之路到水果之都
- 五彩斑斓的天山南麓
- 姑墨古国与凌山道
- 阿克苏到喀什的水果之路

喀什：疏勒遗迹与今日风情
- 守在艾提尕尔大清真寺
- 穿梭在喀什噶尔老城
- 走访老城的民居
- 眼花缭乱的巴扎
- 班超城的千古缅怀
- 香妃墓的维吾尔族殿宇
- 金碧辉煌的美食宫殿

帕米尔高原：到达旅行的巅峰
- 路过喀什噶里麻扎
- 云里雾间的盖孜峡谷
- 白沙湖迟到的叹息
- 冰山的父亲，我们到了

168 169 171 172 174 176 176 177 **179** 182 182 184 186 188 192 193 194 196 196 197 199 200

- 龟兹老城的走马游历
- 苏巴什的沧桑面孔
- 克孜尔尕哈的烽燧凝望
- 克孜尔千佛洞的叹息与眼泪

后记：丝路返程

莎车：难忘木卡姆和老城的孩子
- 拜访莎车阿曼尼莎罕陵
- 沉醉于十二木卡姆之声
- 莎车老城的孩子们
- 赶集就到大利巴扎
- 和田班车上的向西礼拜

和田：寻找丝路的丝绸与玉石
- 神游和田的丝路遗迹
- 和田巴扎的绚烂头巾
- 河边寻觅疯狂的石头
- 经过尼雅河，邂逅野驼群
- 遥遥思念的尼雅和楼兰
- 夜幕中的沙漠公路行

- 朝夕守着卡湖的晨昏
- 徒多河畔，石头城前
- 行走瓦罕走廊的入口
- 红其拉甫的风雪毡房

202 205 207 208 210 210 211 214 216 217 219 219 220 222 223 225 228 **230**

Introduction
● ● ● ● ● 引子——掀开丝路的面纱

    丝绸之路是横跨亚欧大陆的古老"桥梁"。季羡林先生在《敦煌学、吐蕃学在中国文化史上的地位和作用》里曾经说过："世界上历史悠久、地域广阔、自成体系、影响深远的文化体系只有四个——中国、印度、希腊、伊斯兰，再没有第五个；而这四个文化体系汇流的地方只有一个，这就是中国的敦煌和新疆地区，再没有第二个。"

    早在新石器时代这里就有民族交融与文化交流出现。不然何以楼兰、小河、五堡等墓葬出土的干尸都具有高加索人种的特征？何以中原的墓葬出土了昆仑山的美玉？

    丝绸之路是连通亚欧大陆的交流动脉。西汉张骞凿空西域之后，中国的丝绸、茶叶、陶瓷器、劳动生产工具与西方的奇珍异兽、毛织品、农作物就循环往复地交换着。

    丝绸之路是贯通亚欧大陆的文明枢纽。西汉开始中原的农耕文化就传到了这里，东汉印度佛教从这里传入中国，法显、鸠摩罗什、玄奘等高僧从这里往来。贵霜王朝希腊化佛教和萨珊王朝波斯风格的器物、各种文字的文书频频在楼兰、米兰、尼雅、约特干等处的遗址中被发现，古中国、古印度、古希腊、古波斯的文明在这里交汇。

    丝绸之路是远征亚欧大陆的战略要道。霍去病沿河西走廊断

匈奴右臂;班超经楼兰至疏勒深入虎穴控扼西域;亚历山大的远征军从阿姆河流域深入到帕米尔高原;唐代的高仙芝越过帕米尔高原降服了小勃律(今克什米尔);成吉思汗从草原道征伐西亚与东欧;乾隆年间清军战大、小和卓后立碑帕米尔高原。

而今,除了这些历史故事,丝绸之路还有什么让我们探索寻觅呢?

  这里有无限的大地风光，从悠悠的黄河风情、险峻的乌鞘横岭、绵延的祁连雪山、起伏的山丹草甸、七彩的张掖丹霞、苍凉的荒漠戈壁组成的河西走廊，再到丰饶的哈密绿洲、牛羊成群的巴里坤草原、绚烂的吐鲁番盆地、天使眼泪般的赛里木湖、空中草甸的那拉提草原、九曲蜿蜒的巴音布鲁克、神秘莫测的天山峡谷、世界屋脊的帕米尔高原、死亡沙漠的塔克拉玛干……每一处都让人魂牵梦绕。

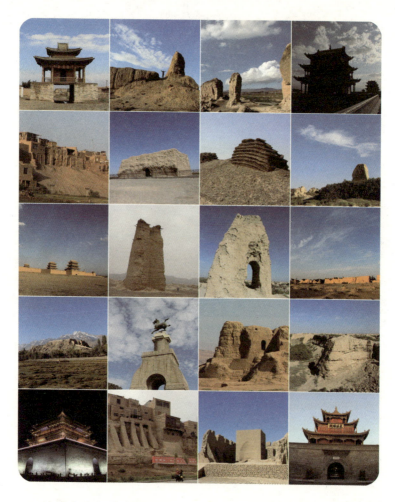

　　这里有悠久的古国王朝,从历代史书描绘的楼兰、车师、焉耆、龟兹、疏勒、于阗、精绝、扜弥的西域古国,到五胡十六国时期割据河西的纷争诸国,再到玄奘经历的高昌、焉耆、龟兹、姑墨、渴盘陀、莎车、于阗,甚至是汉代玉门关及断续的汉长城、唐代瓜州戈壁与天山南北的城池、明代河西走廊的雄关与明长城,一路既有雄奇险要的关隘,也有沧海桑田的沟渠,更有屹立不倒的墙垣与烽燧……每一处都让人感慨万千。

　　这里有庄严的佛国秘境，从大雁塔下尘封至今的地宫猜测，到彬县大佛寺的庄严大佛与神态各异的菩萨，再到甘肃泾川南石窟寺的七佛并立，永靖炳灵寺的法显遗迹，张掖马蹄寺的天马留踪，以及敦煌莫高窟、榆林窟、东西千佛洞的精美壁画与雕塑，再到柏孜克里克、克孜尔的千佛洞、苏巴什的大寺遗址，一路向着佛教传入中原的轨迹漫溯，一路沿着玄奘取经求法的脚印追随……每一处都让人肃然起敬。

　　这里有鲜明的民族脸谱，从西安回民街男孩羞涩的脸庞开始，到天祝藏乡锅庄人群幸福的脸庞，马蹄寺裕固族帐篷中歌舞演员陶醉的脸庞，再到哈密木卡姆表演的维吾尔族老人欢快的脸庞，巴里坤草原上骑马赶羊的哈萨克牧民怡然的脸庞，伊犁河畔举行婚礼的哈萨克新人甜蜜的脸庞，再到喀什老街叫卖西瓜的维吾尔族大叔悠哉的脸庞，帕米尔高原上柯尔克孜小屋与塔吉克毡房的主人热情的脸庞，莎车木卡姆传人演奏时忘情的脸庞，以及莎车老城围着我们要拍照的维吾尔族孩童们纯真无邪的脸庞……每一张都让人印象深刻。

  这里有垂涎的美食芳踪，从西安回民街上的牛羊肉泡馍，到咸阳弹爽嚼劲的面皮、长武鲜香酥脆的酥肉、平凉香辣可口的烧烤、静宁鸡肋入味的烧鸡、兰州正宗的牛肉拉面、张掖香味四溢的卤肉搓鱼、酒泉皮精馅美的水饺、还有进入新疆后随处可以吃到的烤肉串、抓饭、拌面、烤馕、大盘羊、大盘鸡、酸奶、奶茶，再加上哈密的蜜瓜、吐鲁番的葡萄、库尔勒的香梨、库车的小白杏、阿克苏的糖心苹果、伽师的蜜瓜、阿图什的无花果、喀什的大西瓜、和田的大石榴、若羌的枣……每一种都让人牵肠挂肚。

  这里有缤纷的生灵万物,从天祝石门沟健硕的白牦牛,到山丹体型完美的高头大马,再到巴里坤矮小敦实的千里良驹,以及伊犁四肢强健、眼大眸明的哈萨克骏马,天山之上久久盘旋的鹰隼、秃鹫,帕米尔高原上奇特的盘角羊,塔克拉玛干沙漠中与风沙干旱对抗的野骆驼,甚至是随处可见的牛儿与羊儿那汪汪眼中传递的微妙眼神……每一种都让人物我两忘。

第一届

汉唐古都的千年余韵

西安是丝路的起点并不偶然。中国古代历史上最强盛的两个王朝建都于此。只有强盛才有包举宇内的胸襟，才能有日新月异的交流与繁荣。

我们将大雁塔设为丝路的第一站，她是西安的象征，她因玄奘而建。玄奘西行求法时在丝路留下了大量的足迹、故事与文字，是我们今天行走丝路的第一位导师。

小雁塔也联系着另一位唐代远赴西域求法的高僧——义净。他留下的《大唐西域求法高僧传》系统整理了唐代中原与西域的宗教交流，对丝路文明也有着不朽的贡献。

陕西省历史博物馆的陈列既是陕西地区的文明索引，也是丝路的文明索引。从昆仑而来的玉器，到匈奴等草原游牧民族的金银饰物，再到唐代的胡人俑、波斯的钱币、阿拉伯的玻璃器皿，以及昭武九姓胡在中原的墓葬与墓志铭，这些都折射出丝路文明的璀璨。

博物馆中看文物，回民街上睹风情。如果说博物馆中看到的只是尘封千年的历史文物，那么在回民街、大清真寺看到的，则是活生生的民族交融与文化交流。大量伊斯兰的遗民在这里定居生活，保留着他们的信仰、服饰与饮食习惯。

告别西安、行走丝路，从丝路起点群雕出发，那是丝路上的第一块里程碑。

渡过渭河之滨的咸阳古渡，是王维《送元二使安西》中的渭城。在那里演绎了多少"劝君更尽一杯酒"的故事，而饮酒的故人一宿之后便要独自踏上征程。

乾陵是中国历史上唯一埋着两位皇帝的陵墓。其实这也并不奇怪，中国历史上也只有一对夫妻皇帝。在巍巍的乾陵，可以看到盛唐的宽广胸襟，而六十一宾王多半是沿着丝路从西域而来。

彬县的大佛展现着唐代饱满圆润的雕塑特点，"贞观二年"的题刻清晰可见。而体态婀娜柔美的菩萨则是佛教中国化的典型表现。

长武昭仁寺中还留有唐碑与古老的大殿遗构，唐碑中记录了李世民与薛举争雄的故事。寺中陈列的"双环髻舞女俑"将唐代的翩翩舞姿凝固在了千年之后的一瞬间。

从咸阳到长武看似平淡，但也有渐入佳境的精彩。

西安：
拜见玄奘"导师"

千年古都，丝路遗珍

西安古称长安。周秦汉唐，中原文化的巅峰时刻几乎都孕育于这块土地。尤其是盛唐的民族大融合，一个国际化大都市以其包容的胸怀孕育了灿烂的文明。只是从五代开始，因为无情的战火纷争及海上丝绸之路的成熟，长安便渐渐退居幕后，仅仅以其历史称颂于世。

昔日的东市、西市是胡商云集、贸易集中之地。西市住满了波斯（伊朗）与大食（阿拉伯）的商人。他们将西域的香料、珠宝、玉石等带到中国，再从中国买回丝绸、瓷器和茶叶等货物。因此当时西市有不少胡商开设店铺、客栈和酒肆。

西安对于五次来访的我们如故知般亲切。她以钟楼为中心，东南西北四条大街向四方伸展开去，该格局仍然沿用着唐时的规制。整个城市都绿意盎然，热闹中不失井井有条，比很多中部大城市都繁荣漂亮。

西安众多的古迹最早可从新石器时代的半坡文化遗址开始追溯，然后到临潼走访骊山、秦始皇陵和兵马俑。汉代未央宫的宫阙遗址在西北近郊，现在只剩下几座夯土台基。唐代的宫阙遗迹如大明宫、兴庆宫、曲江现在都已辟为公园。

要说和丝路相关的历史遗迹也有好几处。异国的商旅们不仅通过丝路带来了西域特产，也将他们的宗教传入中国。佛教、基督教、伊斯兰教，最初就顺着这条漫漫长路，从遥远的西方传入东方。

距西安约五十公里的户县草堂寺中留有鸠摩罗什的舍利塔。

这位西域高僧从龟兹、敦煌、武威来到草堂寺。之后的十余年间，鸠摩罗什翻译经籍共94部425卷，直到公元413年在草堂寺圆寂。

城南约二十公里的兴教寺留有玄奘的舍利塔。据说玄奘死后本来葬在白鹿原，但是白鹿原地势很高，在皇宫内的含元殿就能看到。唐高宗每每哀痛不已，于是诏令将玄奘的遗骨迁葬到长安以南的少陵原上，同时修建大唐护国兴教寺。

西安城区内的西安碑林陈放着一块"大秦景教流行中国碑"。这块石碑记载了唐太宗贞观年间，一位波斯传教士长途跋涉，经过于阗等西域古国、沿河西走廊来到长安；他拜谒了唐太宗，要求在中国传播基督教；唐太宗降旨准许他们传教，基督教开始在长安等地传播起来。

位于回民街的化觉巷清真寺，则体现了回鹘与中原文化的交流。这座规模宏大的清真寺始建于唐代，建筑风格多属中原，雕刻与装饰却体现着伊斯兰风情。我们这一路的漫溯，也少不了探

雁塔题名，千古流芳

大雁塔是西安的标志性建筑，位于大慈恩寺内。唐永徽三年（公元652年）玄奘为藏经典而主持修建。塔侧唐太宗撰文、褚遂良书写的《雁塔圣教序》碑上，清晰刻着"有玄奘法师者，法门之领袖也"等文字。

据说古代新科进士把雁塔题名视为莫大荣耀。他们在曲江宴饮后，集体来到大雁塔下，推举善书者将他们的姓名、籍贯和及第时间用墨笔题在墙壁上。这些人中若有人日后成为卿相，还要将姓名改为朱笔书写。白居易在27岁时一举中第，按捺不住喜悦的心情，写下了"慈恩塔下题名处，十七人中最少年"的诗句。

访沿途古老的清真寺。

从丝绸之路传入中国的宗教中，影响最深的是佛教，而玄奘便是中国佛教史上最响亮的名字。

很难想象大慈恩寺在公元7世纪的辉煌与华美，倒是大雁塔前玄奘塑像让我们仿佛亲历了那一时期。玄奘目光炯炯、举止坚毅、风尘仆仆却义无反顾。1400年前想必他也是如此大步迈出长安，只是那时他并没有获得出使西域的通行证，出发之日远不像《西游记》里描述的那样，唐太宗把酒话别、仪仗送出，更没有随后的诸多徒儿保护。遥想着他一路的艰辛与一生的传奇，接下来的两个月，我们将沿着他曾经走过的路，踏上我们的旅程。

寻到《雁塔圣教序》碑，我们情不自禁依着碑文读道："是以翘心净土，往游西域；乘危远迈，杖策孤征。积雪晨飞，涂间失地；惊砂夕起，空外迷天。万里山川，拨烟霞而进影；百重寒暑，蹑霜雨而前踪。诚重劳轻，求深愿达。周游西宇，十有七年……"这段文字千年以来未曾磨灭。

大雁塔墙上的进士题名都已湮灭，但是石质的门楣、门框上还有不少文人的题刻，看年代和笔迹多出自宋、明两代。在门楣

题刻之下是浅雕刻画的佛像和菩萨，流畅的线条勾勒出飘逸的衣衫，佛与众菩萨仿佛立刻便能临风而举，即使是上面的文人题刻也没能遮住这些线条的灵动。

绕塔一周后进入塔中，看到了甬道两侧的玄奘负笈像与玄奘译经图。登塔四望，玄奘组织译经的场景在前，唐宋文人登塔题刻的风韵随后，远看大唐芙蓉园的亭台楼阁，近观音乐喷泉有节奏地欢跃起伏……大雁塔不仅是一处标志、一处纪念，更是一种精神的延续。

回民街上,美食飘香

从钟楼向西数百米来到鼓楼,穿过鼓楼便是北院门。北院门与西羊市、大学习巷一起组成了回民街。回民街有历史悠久的化觉巷清真大寺和大学习巷清真寺。化觉巷清真大寺始建于唐天宝元年,其建筑主体为中原的殿宇风格,而装饰布置又充分展现了伊斯兰风情,是中西合璧的建筑杰作。大学习巷清真寺创建于唐神龙元年。唐代郭子仪在平定安史之乱时借助了回纥(维吾尔族的先民在唐宋时期被称为回纥或回鹘)的部队,据说很多回纥人就在此定居学习汉语及制度,巷子也因此得名。除了巧夺天工的建筑之外,两座清真寺内都保存有不少唐代以来的碑刻。千年之后对着这些刻下了汉、波斯、阿拉伯文的古碑,便愈发感受到千年来中西方文化交流的源远流长。

到西安不可不去回民街。那里既有巍然耸立的鼓楼,也有古朴的清真寺建筑群,而更吸引人的还是满街飘香、三尺垂涎的琳琅美食,与应接不暇、缤纷夺目的异域风情。西安回民街除了名气与热闹、特产与美食之外,其本身就体现了民族交融与文化交流。唐代以来多少西域人沿着丝路来到长安后就在此世代居住。

回民街西北特产汇聚、美食云集。熙熙攘攘的人流与此起彼伏的吆喝声相互交织着。这里可以看到西北民间精致的虎头鞋、虎头帽、窗花剪纸等手工艺品,但更多的是牛羊肉泡馍、石子馍、肉夹馍、灌汤包子、羊杂碎、凉皮、各类烧烤、干果蜜饯等西北小吃。

最具代表的当然是羊肉泡馍。其汤浓料醇、馍细面劲、香气四溢、回味无穷。这种传统的陕西美食工艺甚至可以上溯到周代的"羊羹"。大美食家苏东坡也曾说"陇馔有熊腊,秦烹唯羊羹"。虽说羹鲜馍细堪称绝配,但是要想吃上一碗正宗的羊肉泡馍还需要考验吃客们的耐心。各位吃客需要自己将一块馍饼掰成比指甲盖还小的碎馍,然后再交给师傅浇羊羹。虽然碎馍也可以用机器切好,但是切口光滑平整的碎馍绝没有手掰的入味。何况做羹的师傅能从掰馍的质量看出吃客是否正宗;如果掰得地道,做羹就会多一份用心。

还有号称"食品工艺活化石"的石子馍,是将饼坯放在烧热的石子上烙制而成,据说具有石器时代"石烹"的遗风。清代袁牧在《随园食单》里称石子馍为"天然饼"。石子馍外酥内软、咸香可口、便于携带。不知古来多少行走丝路的商旅行囊中就带了这样的美味。

各种小吃看得我们眼花缭乱,而高鼻深目的西域面孔也让我们目不暇接。他们或戴着白色小圆帽,或扎着鲜艳头巾;即使是穿着已经和我们无异,也能从鲜明的面部特征判断出他们来自异

第一篇 汉唐古都的千年余韵 • 17

域。他们熟练地做着各式烧烤，从羊肉串到土豆片，甚至一个小小的鹌鹑蛋都能被他们烤得色香诱人。而当我们举起相机拍向细心制作烤鹌鹑蛋的穆斯林男孩时，他却将头侧向一边，水样清澈的大眼睛流出了羞涩的目光。

博物馆中，寻觅丝迹

这次参观陕西省历史博物馆的主题是寻找丝路文明和中西交流的蛛丝马迹。

最早的北方游牧民族通过草原丝绸之路与西域交流,同时逐渐南下进入中原,匈奴带来了草原图腾装饰的带钩。汉武帝用兵、张骞凿空西域,调兵的虎符印证了这段岁月。随后鲜卑和突厥留下了雄健粗犷的武士俑,而唐代留下的遗迹更是不胜枚举。昭武九姓胡的商人首领在中原留下了带有西域风格的墓葬、记载他身世的墓志铭,以及陪葬的各国钱币;通透中略带混浊的古代玻璃器皿,泛着西方文明的幽幽蓝光;一座座栩栩如生的唐三彩胡人俑,有的牵着满载的骆驼风尘仆仆地赶路,有的神气十足地骑在马上,或淋漓挥汗,或侃侃而谈,或风衣翻领,或袒身纵马,或匆匆行路,或悠悠吹弹。他们脚下所踏的,正是千年来中西方经济、文化交流的大动脉——丝绸之路。

我们寻到了精美的唐代丝绸残片,也看到了唐代丝绸产地分布图,西州(吐鲁番)、于阗(和田)、疏勒(喀什)都有丝绸生产。

雁塔晨钟,怀念义净

小雁塔又名荐福寺塔,因唐代西域求法高僧、译经家义净而建。其规模略小于大雁塔,建造年代也晚于大雁塔,因此得名小雁塔。

传说明代成化年间西安地震,塔身裂开了一尺多宽的缝隙,而几十年后正德年间的地震又让小雁塔自己愈合了。嘉靖年间有人将这个神奇的故事刻在了小雁塔北门石楣之上,至今还清晰可辨。荐福寺内原有一口金代明昌年间的古钟,西安八景之一"雁塔晨钟"的钟声就源自这口大钟。

经过一排排明清时的拴马桩,来到小雁塔前。小雁塔如同梭形的收束富有变幻的灵动,而顶部的残破更具有沧桑缺憾之美。

说起中国历史上的求法高僧,有三位可以相提并论:东晋的法显、唐代的玄奘和义净。法显陆去海还,留下了《法显传》;玄奘陆去陆还,留下了《大唐西域记》;而义净是海去海还,取经归来后在荐福寺翻译佛经56部,同时留下了《大唐西域求法高僧传》。

《大唐西域求法高僧传》中记载了唐太宗贞观十五年至武则天天授二年的四十余年中,五十七位赴印度求法高僧的生平传记。当时求法的盛行与佛教的兴盛由此可见。书中还记录了高僧们远赴西域的方式和路线。开始陆路居多,而后逐步发展到海路居多。可见海上丝绸之路兴起之后,陆路渐渐少有问津,这也从侧面体现了陆路的艰难与险阻。也许相比较海上的风浪,那寸草不生的沙漠、终年积雪的冰峰,以及各国纷争的战火,更让人望而生畏吧。

起点群雕至渭水之滨

丝路起点群雕位于唐代开远门外,靠近西市。昔日行走丝路的商旅们就从这里启程,向着他们的目的地,波斯、大食或是罗马而去。

夕阳西下,我们赶到西安西门外的丝路起点群雕,一幅唐代商旅满载货物、浩浩荡荡向西域进发的场景被夕阳染得透红。

走在前面的是一位胡人大哥,因为返乡在即,所以牵着骆驼大步流星、义无反顾。后面骑马的胡人或是商队的队长,正回过身来向他的汉人翻译咨询当日的行程与驿站。

当日的驿站,应该就在二十公里之外、咸阳古渡边的渭城镇。我们追着绚烂的夕阳、沿着古人的辙印西出长安,一路向咸阳而去。

在披星戴月过渭河大桥时无由分辨咸阳古渡的遗迹,只看见夜幕中的灯影在水中摇曳,对岸的通明灯火应是渭城古镇通商繁华的延续。而秦隆步行街热闹的夜市中一桌桌把酒劝饮,仿佛是与千年之前"劝君更尽一杯酒,西出阳关无故人"的契合。

咸阳：
感受盛唐气度

悠悠渭河，咸阳古渡

昔日丝路上的送别，感情最好的朋友都会从长安一直相陪五十里来到渭河古渡边的渭城镇，这时多已近日暮。于是当晚在这里把酒话别，第二天折柳相赠后才分道扬镳。

自秦开始、乃至汉唐，咸阳地区留下了诸多不朽印记。秦国的水利工程"郑国渠"至今还在灌溉着关中大地。汉高祖的长陵、汉景帝的阳陵、汉武帝的茂陵、唐太宗的昭陵、唐高宗和武则天的乾陵，都落在了咸阳的大地上。由明代咸阳文庙改造而成的咸阳博物馆中，有统一度量衡的秦诏铭文、汉长陵出土的西汉三千彩绘兵马俑，都让人深深感到两千年前中原王朝的强权气势。

西安到咸阳24公里，我们只用了半小时。清早的古渡公园，长长的杨柳堤下，我们信步徜徉。耳畔传来了悠扬的胡琴与秦腔。有市民拿着硕大的毛笔，蘸着曾经绵绵的渭河水，留下一排排优美的文字。不少市民在新建的咸阳桥下随着旋律翩翩起舞，一片乐融融的场面。曾经的渭河古渡和咸阳古桥都已经淹没在水下，这里也很少再演绎天各一方的离别故事了。

盛唐龙脉，飞龙在天

丝绸之路在咸阳出现分歧。从咸阳向西北经过礼泉、乾县、永寿、彬县、长武，溯着泾河谷地进入甘肃平凉，是陕西境内的丝路北线；而从咸阳西行武功、眉县、宝鸡至甘肃天水是南线。

沿北线行走五十公里来到乾县，那里有"一座陵墓、两个皇帝"的乾陵。这里六十一宾王像的原型多是西域各国的王公贵胄，他们来到大唐充当定期朝贡、常驻使节与人质等多重角色。很多宾王向往大唐的繁荣与文明，一生就留在了中国。

行走在乾陵的司马道上，迎面而来的是高大健硕的翼马、敦实饱满的鸵鸟，而后众多的石人石马依次排开。唐代的石刻都古朴浑厚，磅礴大气。

走过司马道，朱雀门前唐高宗的述圣碑和武则天的无字碑一左一右呼应着。述圣碑有单檐庑殿式的碑顶，碑身五节，刻着武则天亲撰、唐中宗李显书丹、洋洋洒洒、冠冕堂皇的文字。而无字碑有着浑厚的螭龙碑首，精美的雕狮碑座，碑身侧面也有精美的云龙纹饰，但是碑身正面却不著一字。这倒是激发了宋金以后游人的无限遐想和接踵而至的题刻涂鸦。什么"正德六年"、"嘉靖戊子夏六月"零乱不堪，主体位置却刻着无法辨认的女真文字，旁边刻着译文"大金皇弟都统经略郎君行记"。

有人说武则天留下无字碑，是觉得自己为中国开天辟地的女皇，留下的功绩无法用文字表述；也有人说武则天知道自己篡夺了李唐的天下，无颜去见高宗；还有人说武则天觉得自己的功过自会有后人著史评论，不必歌功颂德，也不必文过饰非。

朱雀门后左右两侧立着六十一宾王像。他们与真人高度相仿却都身首异处。真不知道那些西域面孔的宾王究竟是什么模样。只知道他们穿着各异的服饰肃立着，有的宾王背后刻着"盛于

王尉迟瑾"、"吐火罗王子持羯达犍"的文字,揭示了他们的真实身份。

我们登上乾陵封土俯瞰陵寝,前有两山俯首如阙、后有梁山昂首如靠,聚山环水、山水合抱,恰将龙气聚在当中。"乾"字在风水中为天之意,其东南连着唐太宗昭陵的龙脉,我们仿佛看到一整条龙身首呼应。

精美壁画,永泰之墓

永泰公主墓是乾陵的陪葬墓。公主是唐高宗与武则天的孙女,死时17岁,她的丈夫死时19岁,两人合葬于此。据说他们是武则天时期宫廷斗争的牺牲品。

多次在书上看到对永泰公主墓壁画的描述:身着华丽服装的侍女们,手中拿着各种当时的生活用品,体态丰盈、神态各异,有的似乎在悄声细语,有的似乎在点头赞许,有的则在环顾四周,他们仿佛正行进在路上,准备去侍奉公主……

沿着墓道向地下走去,如同穿越了千年。墓室前厅两侧就是书中描述的精美壁画。众多侍女发髻高绾,画着浓浓的眉毛,圆润的脸庞带着恬静的微笑,匀称的身材穿着飘逸的罗裙,这雍容的气度倒像是一群公主去看演出。而其中一位捧杯的妙龄侍女半侧着婀娜的身姿,着一身淡雅的绿衫,带着浅浅的微笑兀立着,似在从容自语、浅斟低唱。这盛唐雍容华贵的美,即使是复制品也让我们深深的陶醉。

跨过墓室石槛,墓主人的石棺静静躺着。石棺上流畅的线条雕刻出了雍容华贵的侍女、栩栩如生的凤凰,以及饱满的缠枝牡丹花卉;石椁两扇门的顶部还刻着一对鸳鸯张开羽翼、相向飞舞,这些都象征着墓主人的高贵身份与夫妻恩爱。

也不知道为什么,我们总是将那位捧杯侍女的形象重叠在这位公主的身上。

彬县大佛,贞观二年

彬县是周之先祖公刘所居之地,《诗经》十五国风中就有《豳风》。西魏时设豳州,唐开元年间改称邠州。唐代《元和郡县图志》中记载开元盛世时邠州有人口近两万户;北宋《太平寰宇记》中记载这里有五千客商。由于相对平缓的泾河谷地连接着黄土高原与关中平原,众多商旅们都选择从这里往来。清初顾祖禹《读史方舆纪要》中也记载了这里依山环水为城池,地势雄壮、险固可恃。

　　逐渐告别一马平川的关中平原，我们进入了高低起伏的黄土垄。较五年前的初到，彬县楼房林立，城区扩展得很快。屹立在开元广场上的北宋开元寺塔（彬县塔）是彬县的标志。塔高47米，塔身砖砌八面、重檐七层，秀丽挺拔。

　　丝绸之路由西安经咸阳、礼泉、乾县、永寿、彬县、长武而入甘肃境内。唐代的繁华商道，如今只留下一座座石窟与寺庙，如同一颗颗珍珠串联起璀璨的丝路，印证着当年的繁华。而彬县的大佛寺，则是这段丝绸之路上最耀眼的明珠。寺院层层的楼台贴在整面崖壁上，大佛寺深深嵌在这片凿空的山体中。登上"明镜台"就能看到端坐在山中的大佛。

　　庄严肃穆的大佛，有着饱满的脸庞和宽阔的身躯，具有唐代雕塑的饱满圆润，其背光中七佛环坐，十几身飞天乐伎优美灵动，体现出佛国世界的欢乐祥和。在背光之下"大唐贞观二年十月十三日造"的题刻清晰可见。两侧的菩萨也具备唐代雍容华贵的特点，即使是岁月的尘烟侵蚀，也遮挡不住那慈祥饱满的面庞。

　　这里也曾被法国探险家、敦煌文书的盗窃者之一伯希和所关注，他让助手拍摄了这尊大佛。对着旧时的照片，大佛除了面颊略微修补之外别来无恙。

　　边上的千佛洞中有千姿百态、婀娜多姿的菩萨形象。佛教最初从印度传来的时候，佛像具有刚劲的犍陀罗风格，而至唐朝菩萨形象已经逐渐汉化并开始具备女性柔美的特点。许多"S"形曲线的菩萨虽然面部已经损坏，却更突出了其优美的体态。

　　大佛的庄严、菩萨的优美，自贞观二年就未曾磨灭。

黑白照片为伯希和探险队拍摄，图片来自"数字丝路"网站（http://dsr.nii.ac.jp）

寻古长武，秦陇门户

长武是关中与秦陇交界的咽喉关隘，素有"三秦屏障"、"秦陇门户"之称，是丝路要冲。唐武德年间，李世民与薛举、薛仁杲父子大战浅水源，安定了大唐后方。李世民在长武为纪念阵亡将士而建大唐昭仁寺，立碑缅怀英勇献身的将士。

昭仁寺的大殿面阔三间，进深十五米，飞檐高挑，殿内无柱，具有唐代建筑特点。其内部斗栱与梁架章法严谨、简洁明快，采用八卦悬顶式叠架，人称"九梁十八担"，据说是我国古代木构建筑中的孤例。

寻到长武县城东街的"昭仁寺"，摩挲着"大唐豳州昭仁寺之碑"秀丽遒劲、隶意犹在的楷法。在端庄的字里行间，我们看到了浅水原大战的经过，以及昭仁寺当日的规模。

在厢庑的文物陈列馆中，竟然看到了一件唐代的"双环髻舞女俑"。高高的发髻配着舞女高挑的身姿，她双臂紧收于腰间，弯曲手肘同时向上竖起大拇指，仿佛正在默念节拍。据讲解员说这个姿势是正要起舞的手势；且这个陶俑来头不小，是武则天赐给当地功臣张臣合的皇家陪葬品；倘若不是这样，这件陶俑现在

应该仍埋在乾陵而未能重见天日。

临别陕西,品尝了正宗的长武酥肉。这是用五花肉裹上鸡蛋面粉糊后油炸,再配上各种蔬菜煮炖,酥肉香酥不腻,菜中满是肉香。

夕照中我们由秦入陇,沿着依依杨柳,寻着悠悠丝路。

第二篇

平凉至兰州的黄土风

　　平凉到兰州的丝路都盘错在沟壑纵横的黄土高原上。让我们信马由缰地在辽阔的天空下、高高的黄土垄上、悠悠的盘山路间驰骋。

　　从陕西长武到甘肃泾川，公路两边依依的垂柳，可是左公柳的柳子柳孙？

　　在南石窟寺进入佛窟的那个瞬间，高大的七佛并立环绕在四周，身体微倾、微笑注视着我们。那是丝路留下的佛国世界的笑容，欢迎我们踏上这片有着深厚底蕴的壮阔土地。

　　泾川的王母宫留下了北魏以来的石窟造像，更演绎了周穆王巡狩西域，与西王母相会的传说。而这个传说是中原与西域交流的第一个故事。

　　平凉的柳湖公园留下了左宗棠的题记碑刻，当年正是他沿着丝路收复了新疆。那几株旱柳或是当年兵戈的见证。

　　黄帝问道广成子于崆峒山，而今崆峒山的山崖上还保留着完整的明清宫阙，更保留了古来的淳朴。长髯道长招呼我们在山顶住下，我们得以观看仙风中的日落夕照和日出朝霞。

翻过六盘山那接天的横塞障屏，俯瞰广阔的青冥草甸，山后是纵深感更强的黄土垄。经过隆德、静宁，那里有当年北宋与西夏纷争的战场。如今的河流间还回荡着当年殊死的呐喊，沟壑间还留有古代将士不散的英魂。

再穿行两百多公里的黄土高原到达黄河边的金城兰州。傍晚铁桥上的微风轻抚着脉脉的黄河水，羊皮筏子在河中悠荡，当年的商旅正是用这样的工具渡过黄河，踏上继续向西的征程。

甘肃省博物馆中有精美的雷台车马。马踏飞雁一马当先，那优美的造型正是大宛的汗血宝马，而宝马的后裔两千年来一直在丝路经过的草原上生息。遗留的文书简牍记载了当时军事、政治、经济的片段，带我们梦回汉唐。

在黄河峡谷间穿梭，寻找神秘的炳灵寺。曾经的一条丝路想必会溯着黄河继续西行，不然那炳灵寺的石窟中怎么会有最早西行求法的东晋高僧法显的题刻？

黄河、黄土，孕育着不朽的中华文明，我们继续沿着丝路漫溯。

平凉：
佛窟道观的感动

南石窟寺，佛国惊艳

> 南石窟寺为北魏永平三年（公元510年）泾州刺史奚康生所开。现存一号窟呈四方形，七尊大佛并立在洞窟的三面，佛两侧有协侍菩萨，靠近窟门的两边各有一尊交脚弥勒。洞窟风化严重，在洞窟四壁靠近窟顶的部位还存有一些亭台楼阁与人物形象，描绘着佛本生故事。

南石窟寺的清晨静谧安详，管理员带我们走到了紧锁的一号窟门口，不慌不忙地掏出钥匙打开了两道锁门。门吱呀地开了，伴着这破旧的声音，一股阴湿的石窟味道扑面而来。我们一边抬头一边迈进门槛，也许那一步还没有落下——早上的光线从窟门透入，精美的七佛庄严并立，我们被环绕在中央——那一步连同我们的惊呼都凝固在了那天早上的空气中。佛的嘴角带着一丝祥和而生动的微笑，身体略向前倾，温和的眼神正注视着我们进入他们的世界；那一刻，我们仿佛置身在庄严神秘的佛国世界。

那忘我的一瞬，巧合之中让我们经历到，美好的感觉至今仍难以忘怀。因为不曾预期而被大佛本身

的美好击中？还是那个早晨宁静的氛围为我们预备了两颗安静而全然接受的心？所以那一瞬，佛光普照，直入心扉？当年的石窟工匠们，经年累月一刀刀一笔笔地精雕细琢，肯定也曾沐浴过这温暖的佛光。

我们在石窟内久久徘徊，仔细地看着每一尊佛微妙的表情，揣测着它们的心思。虽然佛像风化严重，但不变的是那自在神秘的微笑，像一个个美丽的花苞，直叫人想要知道花开之后硕果累累的模样。

天子不返，王母留踪

《山海经》和《穆天子传》的神话故事中描述的西王母是一个西域母系氏族的部落首领。当周穆王乘坐八骏的马车西游时来到了西王母之邦。两人把酒言欢，西王母问周穆王"尚能复来"，周穆王回答道"比及三年，将复而野"。周穆王终究没有能履行他的"三年之约"，后人都为此感到遗憾。唐代李商隐也感慨道："瑶池阿母绮窗开，黄竹歌声动地哀。八骏日行三万里，穆王何事不重来。"

在丝绸之路上留有西王母传说和遗迹的地方不少，泾川的王母宫窟是离中原最近的一处；青海的天峻县也有一个西王母石室；而最远的恐怕是帕米尔高原上被称作"西王母瑶池"的卡拉库勒湖。

离开南石窟寺继续西行来到泾川县。这里有一处关于西王母的遗迹——王母宫。美丽传说虽然留下了千古的遗憾，但是周穆王"乃执白圭玄璧以见西王母，好献锦组百纯"，却成为有文字记载的关于丝绸之路上中西交流的第一个故事。

王母宫曾经香火颇盛，清同治年间却不幸毁于大火，只留下了金代的古钟、明清的碑刻。现在山上的王母宫为1992年重修。

就我们看来,《山海经》中说西王母所居"曰玉山"、"名曰昆仑之丘",这里在距离上过于偏向中原,因此西王母之邦在这里或许只是传说。但是依山开凿的王母宫窟却真正建于北魏。这座洞窟设计宏大,为中心塔柱结构,造像严谨。其中一尊佛像的造型与装束甚至让我想到了云冈石窟的大佛。

在泾川到平凉的车上再一次看到了王母宫窟清末重修的三层凌云飞阁,我不禁笑道:"周穆王一生没有重返,而我五年后却再到了。"

柳湖公园,左公遗迹

平凉靠近六盘山,四周山川险阻,而在这里恰有一大块平地。古时的商旅们往返六盘山都会在这里休整,这里逐渐成为泾河谷地间最大的城市。平凉除了有路前往兰州之外,还可以北通银川、南到天水。《读史方舆纪要》中说平凉"外阻河朔、内当陇口、襟带秦凉、拥卫畿辅、关中安定系于此也"。西魏宇文泰的霸业就从这里开始,一直到清代的左宗棠西征收复新疆,也是从这里西进。

传说清同治十二年,时任陕甘总督的左宗棠驻兵平凉,对柳湖进行修复,建设"柳湖书院",并亲题"柳湖"匾额。暖泉是柳湖源头,泉旁石碑上"暖泉"二字也为左宗棠题写。

我们在幽静的柳湖公园内寻找传说中的左公柳。湖面虽然不大,但是曲折宛转,粗壮的柳树在柳湖边顾影自怜。平凉八景之一的"柳湖晴雪"描述的便是阳春三月日光和煦、柳絮纷飞的景致。

闻声溯源,我们在一处浓荫下终于

找到了柳湖的源头——暖泉。旁边的石碑上寻到了左公篆书的"暖泉"二字,下面行书写道"平凉高寒,水泉甚冽,此独以暖称,验之隆冬不冰也。权郡守喻君光容甃为池,以惠斯民。为书此永之。太子太保陕甘总督一等恪靖伯湘阴左宗棠书"。想着左宗棠临危受命,经营陕甘、收复新疆的功绩,拂拭残碑间又多了些许天下兴亡的感慨。

崆峒问道，暖暖人间

　　崆峒山为六盘山支脉，传说轩辕黄帝在此向广成子问道。《史记·五帝本纪》中就有黄帝西至崆峒山的记载，这里自古为道教名山。

　　沿着盘山公路来到中台，踏着三十三天梯向上攀登。三十三天梯坡度陡峭，据说依次从45度到60度再到75度，台阶总数为669级。游人大多死死抓住台阶两旁的铁索，一级一步不敢马虎。"黄帝问道处"的石碑就立在天梯最陡峭的地方，可见自古问道的艰难。

　　战战兢兢地走完三十三天梯，登上崆峒山最主要的宫观群——皇城。"峻极于天"的木坊当前，威武凶猛的王灵官把门，玉皇居于正殿。再一鼓作气爬上最高处的香山寺，正赶上夕阳无限。

俯瞰崆峒全景，崆峒山由中台、东南西北四台、皇城，以及最高处的香山组成。置身其中，便体会到崆峒的仙风道骨。整个崆峒山犹如一只展翅飞翔的唳鹤，以中台为躯、西台和南台为双翼、北台与东台为双足、皇城为心脏、香山为高昂的鹤首。那一座座屹立崖壁的道观庙宇，细细地连成一线，如鹤羽般根根分明，真让人惊叹这栋栋精美的殿宇是如何在这陡峭的山崖上建成的。

傍晚的太阳渐渐落入远处的云层中，接着出现了美丽的霞光与七彩虹。远望西方，隐约见到六盘山的轮廓，在更高的天边兀自驻守，那是我们明天的方向。

香山寺虽名曰"寺"，现在却居住着道士。征得道长同意后，我们在廊间搭起帐篷，等着迎来第二天的日出。

我们正扎着帐篷，不知不觉好多人围了上来，还有人要出手相助，安静的道观一下子热闹起来。帐篷立好之后，一位在这里帮工的大婶提来热水瓶，又给我们搬来了凳子。长胡子道长端着一个大茶壶大步走来给我们倒茶，我们受宠若惊。茶香无比，问他这是什么茶，他只回答了三个字："好东西！"我们想和道长合影，谁知道长一句"要那个东西有啥用"，我们倒真俗了。夜里帐外风起，钟鸣铃响。大婶又隔着帐篷要给我们送点心和被子……这一夜，虽然没有自来水，没有热菜热饭，没有软软的床铺，却满是幸福的味道，在风铃声中我们陶然入睡。

第二天，在灿烂的阳光下我们告别了香山寺的道长和大叔大婶。一路走过天台峰、皇城，钻过叠在山崖上的明代主体建筑

第二篇　平凉至兰州的黄土风 · 37

群,不由再次赞叹崖壁之上的巧夺天工。

露宿崆峒山,比夕照日出更温暖的是人情。美丽的风景永远在路上,美丽的人儿却容易错过。

巍巍六盘,千古战场

南北走向的六盘山自古便是东西交通的要塞,"六盘"便是形容道路的曲折。古人需要沿着山路一盘复一盘的回环六趟才可以翻过。

静宁附近的好水川是北宋与西夏交兵的古战场。北宋军队冒进遭到西夏伏击而被全歼。《读史方舆纪要》中描述这里"陇坂环峙、河渭萦流"、"泾渭有警、此必争之地"。

静宁有一座三忠祠纪念南宋时期当地的抗金将领吴玠、吴璘、刘锜。左宗棠西征时在静宁停留了一个月,曾拜谒三忠祠并题刻"功固西陲"。祠殿门楣悬挂着"三将忠魂昭青史,千载功业祀春秋"的楹联。

午后从平凉乘长途车一路翻越六盘山。在黄土高原的怀抱里,六盘山绵延起伏,称不上陡峭,但是巍峨。随着盘山公路盘旋而上,俯瞰层层叠叠的梯田,麦苗的绿色与土垄的黄色斑斓相间。

山巅的林场郁郁苍苍,我们不禁吟起古人的诗篇:"横塞接青冥,天教作障屏。阴崖 冰雪,绝壑走风霆。秦栈雄今古,行人恐晦暝。驱车最高顶,长啸起山灵。"可惜我们到不了六盘山的最高顶了。汽车在六盘山隧道中行驶了接近四分钟,直接将我们带到山的背面。

经过德隆县继续向西行驶,翻过几座黄土垄后到达一处低洼的盆地,那里是当日的投宿地——静宁县。看着这里的山川形势,北边的黄土垄打开了一个缺口,当年北宋军队就在这一带遭遇伏击。

我们望着县城边上不远的黄土垄上有一组寺庙沐浴在金色的夕阳里，恨不能登上寺庙看着黄土高原的日落晚霞而凭栏吊古。

　　静宁文庙位于现在的静宁中学内。文庙边还是不废的读书声，只是那"ABCD"代替了"之乎者也"，学子们估计是想早日跳过新的龙门吧！

兰州：
马踏飞燕的千年穿越

黄河岸边，兰州风情

黄河边的兰州古称金城，其"控河为险、隔阂羌戎"的形势自汉代以来就受到了重视。《元和郡县图志》中记载了唐开元年间兰州有人口四千余户。《太平寰宇记》中记载了唐天宝年间兰州有人口五千三百余户，地通平凉、武威、西宁。《读史方舆纪要》中记载"河西雄郡、金城为最"。

从静宁到兰州两百多公里的黄土垄，在蓝天下自由随意地起伏，零落的村寨、稀疏的羊群散落其间。远处的梯田层层叠叠、错落有致，近处的麦苗青青、绿色可人。

现在兰州已成为西部最主要的都会，从"黄河母亲"雕塑至中山桥三公里长的河滨一带，无论是白天还是夜晚，都热闹非凡。滚滚的黄河水推着羊皮筏子随波漂流，经过河边充满异域风情的船形清真寺，再穿过赳赳跨河的中山铁桥，随着河面上纵横的桥影与河滩上戏水女孩的身影一起摇曳……这一切都绚烂多彩。

在中山桥头立有明代黄

河浮桥的铁桩,"大明洪武"的字迹清晰可辨。走过中山桥来到白塔山。拾阶而上,隔着黄河俯瞰兰州市区,再领略夕阳、观赏夜景,听着阵阵熏风传来清真寺里的诵经声,看着缤纷的灯影给黄河换上了夜的霓裳。

甘肃省博,管窥丝路

甘肃包括河西走廊、敦煌、天水等文物集中地区,因此甘肃省博物馆馆藏丰富,更设有"甘肃丝绸之路文明"的主题馆。

刚进展厅就看到一幅亚欧大陆的地图,图中清晰标明了丝绸之路的路线,旁边两幅图标明了通过这条路东西方相互交流的奇珍异物。

馆藏文物基本上以时间为序陈列,包括石器、玉器、陶器、青铜器等。不少文物体现了西北游牧民族的特点,展现了河西走廊自古即为中西方文化交流的要道。丝绸、简牍、经卷、画像砖是馆藏文物重要的组成部分。

馆中精美的汉帛与唐代丝绸的残片还保留着当时的图案与色彩,让人不敢相信她们经历了千年。西汉张骞打通了丝绸之路,源源不断的丝绸通过这条贸易大道流向西方。当传到古罗马时,他们以为丝绸是遥远的塞里斯人用森林里的羊毛做成的。

一张张简牍上密密麻麻地书写着优美的汉隶,记载了当时军事、政治、经济的相关事件。特别是居延汉简《塞上烽火品约》,

 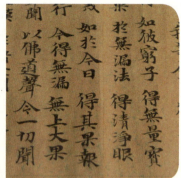

详细描述了匈奴在不同时间、不同地点、不同数量、不同行为而举烽火的方式。例如不满千骑，烧一积薪；超过一千人，烧二积薪；两千人以上，烧三积薪。这样便可以通过烽火准确地将敌人进攻的信息传递到后方指挥部。

早期的敦煌写经字体有着多端的变化，包括了篆书、隶书、行书、楷书等的融合，从这些变化中恰恰可以寻到书体过渡和演变的过程。可以看出从北朝到唐代楷书从带有隶意逐步演变成熟，形成纯熟工整、精美流畅的写经体。

东汉以来的画像砖多出土于当时的墓室，画像充分展现了当时的生产生活与衣着服饰。"驿使图"中一名邮差骑在马上，一手抓着缰绳、一手举着文书向前飞驰。细心的人能观察到这个邮

差没有嘴巴，这说明当时的邮差必须守口如瓶。

　　镇馆之宝当属武威雷台出土的东汉末年至魏晋时期的铜车马阵。其中一马当先的"马踏飞燕"有着大宛汗血宝马的体型，其三腿凌空，右后腿踏着一只惊恐的飞鸟，可谓天马行空，成为了中国旅游的标志。

　　吸引我们的还有唐三彩的胡人陶俑。他们有的牵着骆驼，也有的跪着吹奏胡乐。边上陈列着胡人乐器的仿制品。在南北朝的纷争年代，中原的乐律散失了不少，而此时龟兹等地的胡乐通过丝绸之路传入中原，恰好补充了中原的乐律。

　　与北宋对峙的西夏曾经占领了宁夏和甘肃一带，因此馆中也有不少西夏文物，包括木版画、瓷器、印刷文字。

　　一座出土于天祝县的青铜牦牛吸引了我们，从其形制上看应该是特产于天祝的白牦牛。这让我们决定到天祝时要一访白牦牛。

　　馆中还有马家窑陶器陈列、石窟造像等主题馆。丰富的文物让我们眼花缭乱，不知不觉已下午三点。我们匆忙乘车来到兰州市博物馆。那里有一座明代修建的白衣寺塔，覆钵形状的塔身上立着十二层八角阁楼，庄严又不失灵动。只是闭馆的时间到了，看不完的博物馆，赏不完的河西风物。

苍茫黄河水，沧桑炳灵寺

炳灵寺位于黄河岸边。在大佛窟顶左侧距地面五十多米的地方有一个天然的石洞，人称"天桥洞"，被标为第169窟，是炳灵寺规模最大、时代最早、内容最丰富的洞窟。洞中保留着西秦建弘元年（公元420年）的题记，是国内石窟中最早的纪年题记，旁边有最早西域求法的东晋高僧法显的题名。

去炳灵寺石窟需要先到刘家峡再转乘游船。上船已是中午，船行驶在宽阔的黄河水库中，水面弥漫着雾气，只远远看到一些起伏的山色。中午的太阳炙烤着，三个小时、五十多公里高原平湖的行程渐渐单调。就在我们快要行驶到水库尽头的时候突然航道一转，终于看到峡谷间嶙峋突兀的石林。仰观石林土色、平如斧劈、尖如刀削、姿态万千、重叠林立、插云壮观。这短短十分钟的航行，让三个多小时的艰辛完全忘却。

两座山峰如姐妹般并立，炳灵寺就在姐妹峰下。进入炳灵寺石窟群，前面大部分洞窟的规模都不大，多是具有唐代风格的佛与菩萨。墙壁上还刻有不少金刚宝座及覆钵式的宝塔，估计年代会略早些。而一些释迦牟尼与多宝佛并坐的小窟则具有北魏的特点。

我们走到唐代大佛脚下，却发现大佛在维修，四周都是脚手架，还盖了一层绿色的大纱布。我们不甘心就这样离开，便一头钻进施工区域的绿纱布里。遗憾的是钻进纱布之后抬头一看，上面还有一层纱

布。看来我们终究和这座高27米的唐代弥勒坐佛没有一面之缘。卧佛寺里有一尊北魏的卧佛安详地躺在殿内，据说是建水库时从将要淹没的洞窟转移过来的，据说还有不少洞窟淹没在水库之下。

返航的游船要开了，我们仰头看看蒙上两层面纱的大佛与未能参观的特窟"天桥洞"。我们推测丝路的一条支线就溯着黄河西行，否则在这黄河边上为何会有大规模的石窟？又怎么会有法显的题名？我们默对着悠悠山河说：西域求法的高僧啊，我们沿着你的足迹来过！

兰州拉面，金城美食

兰州牛肉拉面早已风靡全国，到兰州当然要吃碗当地正宗的牛肉拉面。在牛肉拉面的故乡，拉面店果然随处可见。不过在兰州拉面做出了名气，那谱子就大了。据说兰州最有名的拉面在马子禄牛肉拉面店。马是回族大姓，据说

兰州的回族人大多在做餐饮生意。

说它谱子大,那是因为到下午它就不营业了。前一天我们还半信半疑,晚上去果然吃了闭门羹。第二天上午再去,才九点不到就排起了长龙,从领取拉面的窗口一直蜿蜒到店子的门口,足有二十多米。

排了二十分钟终于吃上了正宗的拉面。味道不错,汤汁比一般的牛肉拉面要鲜,价格也实在。不过或许是吃到嘴的过程过于曲折而期望过高,总之不如想象中的好吃。

兰州的小吃集中在步行街边上的大众巷和正宁路的小吃一条街。烤肉、灰豆汤、醪糟、炒面片、烩面片、搓鱼子、酿皮、洋芋片、炸年糕等都是老兰州的最爱。

第三篇

河西走廊的烽火连天

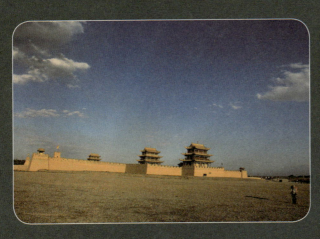

　　顶着八月的寒风飞雪徒步翻越乌鞘岭，置身绝塞风烟的河西走廊。一路寻觅汉、明长城与烽燧的遗迹，更体验着登临绝塞的壮怀激烈。

　　气势赳赳的雷台铜车马展示着武威曾经的辉煌。在五胡乱华的南北朝，河西虽然也是纷争战乱，但历都四国的武威成为河西走廊的心脏，在史书中展现着千年凉州的风采。大宛的宝马踏着惊鸟天马行空，巍巍的祁连、脉脉的古道、悠悠的白塔，本来就是一曲豪迈与温情的凉州词。

　　从武威到山丹一路追随着骠骑将军豪情奔放的马蹄，过眼是起伏跌宕的祁连雪山、连绵不绝的夯土长城与断续犹存的关塞遗迹。驰骋在山丹军马场，环绕在美丽的胭脂山下，耳畔风声似乎还是当年匈奴被切断右臂的兴叹。

　　沿着绵延的明代夯土长城向西到达张掖。祁连积雪融水而成的黑河滋润着这片绿洲。"张国臂掖，以通西域"，有着"塞上锁钥"之称的张掖，从张骞凿空西域打通丝路起便是兵家必争之地和商家重镇。张掖雄壮的镇远楼四面牌匾，挂起了凝重的古城风韵，展现了"金张掖"的繁华往昔。即使历经了千年的纷争，这里始终是佛国的世界，大佛寺、土塔、木塔、西来寺，都诉说着这里曾经僧侣如云、香火连天的佛境。

张掖的马蹄寺依偎在祁连脚下，是远离世外的修心之所。那山崖上凿出的三十三天窟如同通往佛国秘境的通道。从巍巍的雪山冰川、到郁郁的森林幽谷，再到悠悠的溪流草甸，都透着曾经的纯净。能歌善舞的裕固族在那里立起毡房，用歌声传递天边的旋律。

从张掖到酒泉，一路的戈壁有多情的祁连相伴，路过的骆驼城遗址是当年北凉沮渠蒙逊的都城，而后玄奘在这里的高台上晒经。虽然骆驼城因风沙和缺水而被遗弃，但如今这一带的县名叫高台。

汉武帝设置酒泉郡亦如史诗般浪漫：当这位胸怀万里的君主得知自己的爱将霍去病取得完胜之后赐酒三千里外；而这位同样胸怀意气的少年，将酒倒入泉中和全体将士畅饮。那已经是两千多年前的故事了，而现在西汉胜迹边酒泉酒厂的"汉武御"酒，却让整条街上都飘着醉人的酒香。

从酒泉到嘉峪关，看到那万里雄关和远处群山一样层层叠叠，雄伟的关楼伸出双臂，牢牢控制着天险的河谷与崖壁。塞外狂风吹着戈壁沙尘，让我们浮想那千百年来"将军百战死，壮士十年归"的故事。

武威到酒泉的河西走廊，是历代丝绸之路上军事性最重要的一段。让我们一起随着古人的足迹漫溯。

武威：
收取凉州入汉家

神奇天祝，美丽藏乡

天祝曾是戎羌驻牧之地。汉武帝设置河西四郡后属武威郡。经过长期的民族融合，这里形成以"华锐藏族"为主体的多民族聚居区。

为了徒步翻越乌鞘岭，我们于前一天来到天祝藏族自治县。这里竟然拥有如此多的自然景观。旅游图上标注了马牙雪山及天池、抓喜秀龙草原、祁连布尔智高山草甸及森林等。我们之前因为更关注人文景观，除了乌鞘岭及长城遗迹、石门沟至天堂寺的一条祁连通道之外，对这些美丽的自然风景竟然一无所知。

这里还是白牦牛之乡。成群的白牦牛生长在石门沟内的高山草甸上。它们有着雍容优雅的体态，悠闲自得地享用天赐的盛宴，高兴时会将蓬松肥硕的尾巴甩过一道道梦幻般的弧线。

我们还惊讶这里淳朴的民风。在一家设施略微陈旧的宾馆中服务员会毫不犹豫地向我们推荐另外一家新开的宾馆，临走还将天祝旅游地图送给我们。县博物馆的工作人员会因为博物馆不开放而不停地道歉。

县城的建筑和路名也很神奇。县政府好像是一座寺庙，形制与装饰完全是藏式的，甚至让人感觉这里是西藏的一座经院。县城主干道竟然叫天堂路和极乐路。

傍晚，县府广场响起热闹的藏歌，老老少少围成圈跳起了锅庄，我们也随着欢快的旋律入乡随俗了。

河西八月天，风雪乌鞘岭

乌鞘岭位于甘肃省武威市天祝县境内，为陇中高原和河西走廊的天然分界，主峰海拔3562米，年均气温-2.2℃，志书对乌鞘岭有"盛夏飞雪，寒气砭骨"的记述。张骞出使西域、玄奘西行求法，都经过乌鞘岭。汉代与明代先后于此修筑长城，至今遗迹可寻。

河西走廊位于黄河之西，东自乌鞘岭、西至唐代玉门关，介于南山山脉（祁连山）和北山山脉（龙首山、合黎山、马鬃山）之间，形如走廊的狭长地带连接着中原与西域，九百公里的通道贯穿了武威、张掖、酒泉三郡。

循着遗留在公路边的烽燧残迹，凝望着云雾缭绕、如同压了床厚厚棉被的乌鞘岭，想必岭上正风雨大作。

中午到达安门村，我们一下车就被冻着了，乌鞘岭高寒果然不谬。顶着风走了一公里的老国道，看到公路右手边断断续续的夯土墙随着山谷蜿蜒，几座烽燧依稀可辨。想着汉朝以来的烽火曾经在这里传递，想着张骞、玄奘都从这里走向西域，我们也不顾此时身边呼啸而过的风，更不顾落到身上零星的雨，向前方最大的烽燧走去。

来到烽燧前，吟着张籍的《陇头行》："陇头路断人不行，胡骑夜入凉州城。汉兵处处格斗死，一朝尽没陇西地……"我们想象着匈奴当年倾巢出动、突破长城的防线，随后汉朝的将军趁着夜色突入敌营、重新夺回烽燧、控扼山口的场面。我们忘乎所以

地沿着古人的足迹,踏着陡峭的攀道登上烽燧,凝望着乌云涌动的乌鞘岭。大雨就要来了,滚滚浓云间回荡着忘我的吟啸:祁连烽火连云起,乌鞘沙石走似兵。胡骑衔枚雾障出,长城踏缺举巢倾。将军百战无惧死,驱马单枪斫敌营。陇上行云皆作雨,洪波万里沥豪英。

雨如期而至,却没有能挡住我们的脚步。一身淋漓、翻过乌鞘岭的垭口时,雨中已夹着冰雹。垭口间的地势略为平缓,长城遗迹也出现了变化,看残迹似乎这里曾经有一个城池或军营。"胡天八月即飞雪",我们沉浸在边塞的苍茫意境中。

雨虽然很大,但翻越乌鞘岭、寻到长城遗迹的兴奋,让我们久久忘情。翻越乌鞘岭三十里路没有行人也没有车辆,迎接我们"检阅"的只有山坡上的牛群羊群,它们还齐刷刷一脸诧异地望着湿漉漉的我们。

河西据根本，凉州寻古迹

　　武威地处河西走廊东端的要冲，山川险峻、土田沃饶，无论是军事地位还是经济地位都十分重要。汉武帝为彰显大汉的武功军威而置郡得名。南北朝时期前凉、后凉、南凉、北凉先后在此建都。唐代武威依然是河西走廊最繁华的城市。《元和郡县图志》中记载唐开元年间武威有人口两万六千余户，是当时兰州的六倍、张掖的五倍、酒泉的十一倍。而《太平寰宇记》中记载唐天宝年间武威有人口三万两千余户，风俗"金气坚刚、人事慷慨"。

　　古凉州是多民族杂居之地，处于中原和西域往来的交通要道。印度音乐、西域音乐和汉族音乐经过长期的融汇，逐渐形成了"西凉乐"，并在唐代进入宫廷。岑参的"凉州七里十万家，胡人半解弹琵琶"，白居易的《西凉伎》，王维的《凉州赛神》等诗篇，都十分生动地反映了古代凉州的音乐传统。

　　从南门入南大街，武威没有想象中繁华。大十字广场上高耸着中国旅游标志——铜奔马。这里是铜奔马的故乡，我们首先就前往铜奔马的出土地——雷台。

　　雷台的主人至今仍有争议。从马俑胸前铭文"守张掖长张君"来看，可能是东汉末年至魏晋时期河西地区的军政长官，也可能是前凉张氏家族。规模宏大的铜车马阵原物已在兰州的甘肃省博物馆，这里只是复制品。到明代雷台上建起了雷台观，森森郁柏掩映着四四方方的高台。明代的道观多有建在高台上的习惯，想必是当时的道士看中了这个大封土堆，将之改为道观的台基了。

　　北大街的罗什寺塔是纪念曾在这里说法十数年的龟兹高僧

鸠摩罗什。前秦苻坚派遣吕光用兵西域，吕光一直打到龟兹，将鸠摩罗什带到武威时，听说苻坚已经战败身亡，便在武威建立了后凉政权，鸠摩罗什也就滞留在这里十七年。据说这座塔最早修建于后凉时期，而眼前这座并不高大雄伟、十二层密檐精巧别致的塔为1934年地震后重修。

城东的大云寺有一口唐代的大钟，"大云晓钟"是凉州八景之一。登上钟楼，用边上的木槌叩响了这口古钟。我们怀疑唐代的古钟为何还悬挂在这里让人击打，但钟的形制与其上力士、飞天、云龙的图饰，就如同西安碑林陈列的景云钟的孪生姐妹。

北宋时河西走廊曾被西夏控制，因此在这里能看到西夏文物。西夏博物馆在武威的东南角，镇馆之宝是"西夏碑"，又称"重修护国寺感应塔碑"。碑文颂扬了佛祖的灵验、描绘了武威的繁华和护国寺的富丽堂皇、称颂了西夏的功德。碑的正面有大量的西夏文字，有人看了后摇摇头道："看上去像汉字，我怎么一个都不认识！"可在碑的反面有汉文记录了相同的内容。展厅中除了西夏的文稿之外，还有一些西夏的瓷器，虽然看上去"傻大黑粗"，却体现了游牧民族粗犷的审美情趣。

西夏博物馆边上始建于明代的文庙由于其规模宏大，号称"陇右学宫之冠"。那里除了大照壁、泮池、棂星门、大成门、大成殿等明清文庙建筑外，东边一组建筑是文昌宫，屋檐上悬着数不清的明清匾额。

夜晚的西大街华灯初上，霓虹的倒影映在雨后的积水中，浑似葡萄美酒夜光杯。

雨中天梯,劫余大佛

天梯山石窟号称石窟鼻祖,据说为北凉的皇家造像石窟,对中原石窟造像产生过深远影响。只是因为地震与修建水库等原因损毁严重,不少造像被搬迁至甘肃省博物馆。而大佛窟中唐代风格的一佛、二弟子、二菩萨、二金刚由于体积巨大无法搬迁,才不得不在窟外修建一圈拦水坝,将之留在故乡。

雨中跟着班车慢悠悠地出了城,晃晃荡荡一小时之后到了两路口,再向南沿着坑洼颠簸的山路进入山区。大片高高的山岗上长着稀疏的青草,不时可见成群的羊儿。山顶兀自立着的牧羊人抽着一杆烟,一幅大雨能奈我何的豪迈。有的地方却只裸露着黄土,大雨冲刷后塌方的痕迹面目狰狞、触目惊心。

随着石羊河水库边的泥泞公路来到天梯山石窟。从拦水大坝

上看大佛窟。四方脸的大佛表情庄严，端坐在石窟中央，右手施无畏印，左手放在膝盖上，衣褶简单流畅。二弟子在大佛两侧靠里面的位置，接着二菩萨侍立，再外面是身穿铠甲威武健硕的两个金刚，金刚脚下还踏着小鬼。窟内还保留着一些壁画，绘画出象、狮子、马、鹿、狼等动物，装饰着松树、菊花、祥云等图案，施以青色的彩绘。

可惜大佛、弟子、菩萨、金刚都有明显的维修痕迹，因此眼神多有呆板。对于文物古迹，不恰当的维修反而会破坏文物的原貌。

石羊河水库水量并不大，河滩露出大量的泥土，不少苍鹭在那片湿地觅食玩耍。水库在纷纷落雨和群山环抱中更显得安静，好一幅烟江叠嶂的山水。

祁连山下，白塔会盟

> 白塔寺是西藏宗教领袖萨迦班智达与忽必烈之孙、元朝西路军统帅阔端举行"凉州会谈"的地方，也是后来萨迦班智达圆寂之地。"白塔会盟"决定了西藏正式成为元朝管辖的行政区域，标志着西藏从此纳入了中国版图。

在从天梯山返回武威时，我们中途下车拜访白塔寺。如果天气好，下车时就能看到两公里外的数十座藏式白塔，与身后的祁连雪山相映成趣。但是正值阴雨迷蒙，几乎要走到白塔面前，才看到壮观的塔林。

对着这群覆钵式的藏塔，想着萨迦班智达来到这里的路线，或许是沿着青藏线到达西宁，然后翻越了祁连山到达河西走廊，这一路的艰辛不正体现了他对和平的执著吗？而或许是这位德高望重的大师，只能用生命凝聚一次精气走完这条艰苦之路，而后就再也不能返回故土。但是当他完成了会盟之后，这里就也是他的祖国，祁连的臂膀与河西走廊的水土便永远接纳了他。

只是遗憾这阴雨让我们没有能看到白塔映祁连的景致，而在我们乘坐火车沿着丝路返回、凝望皑皑的祁连屏障时，白塔们如约进入了祁连的画卷中。

永昌信步,山水园林

  永昌古为西戎牧地,历代多属武威郡。《县志》载北海子十景:香泉喷馥、马流泛醇、沙桥观鱼、柳堤舞雪、法轮转经、水榭听潺、奎阁夕眺、雷峰摩云、河楼览翠,及西圃灿霞。

  连日的阴雨将我们阻在了金昌市境内的永昌县。在国道路口立着一组花岗岩雕塑:一位汉族官员领着一男一女两位异族人带着羊儿向前走来,前面石碑上刻着"骊靬怀古"。据说西汉时期一支古罗马军队辗转归顺汉朝,被安置于此。

  经过县城中心的钟鼓楼,我们在北海子品尝了美味的虹鳟鱼,随后在北海子公园信步。公园大门前有两棵硕大的银杏树,少说也有三百年了。这里是金川寺遗址,西边高台上还立着明代的金川塔。

  公园虽然不大,却有泉、池、林、台、榭,颇具古代山水园林的趣味。光是那一座座亭子、水榭的屋顶,就让人眼花缭乱。

有歇山顶、溜金斗栱的，也有卷棚歇山的，还有六角、八角攒尖的，高低错落有致，分布在泉水汇聚的池心及两侧。池子对面是一片不加修饰的树林，郁郁葱葱颇有野趣。沿着回廊走到亭中，仰观亭内错落有致的攒心花藻井。高台上的道观有一排鸽子高屋建瓴，让人感觉到道家的灵气。再走到马踏泉，那里有杨门女将西征时踏地流泉的传说。

信步游览了北海子园林之胜，虽然整个园林意在仿古，没有太多创意，但是却集锦般展现了古代园林中的各种建筑。从各处景点标牌得知1994年县政府曾对北海子公园各处进行了维修，那时的设计者想必也和我们一样，热爱园林和古建筑。

张掖：
张己之掖、断敌之臂

初见积雪，拥抱祁连

祁连山脉位于中国青海省东北部与甘肃省西部边境，由多条西北、东南走向的平行山脉和宽谷组成。祁连山西与阿尔金山相接，东至黄河谷地，最高海拔5808米，海拔4000米以上的山峰终年积雪。

和祁连的初见本应在乌鞘岭上，但是连日的阴雨将那一刻的惊喜足足推迟了四天，而地点从天祝变成了永昌。

我们分明看见远处的山尖上有一片白，在8月中旬几乎不敢相信自己的眼睛，那是积雪吗？

那正是千年不化的冰川积雪，分明映下了过往的故事。

祁连，就是被匈奴称之为"天"的山脉。他由高耸入天的山峰相连，他有天赐的雪山融水滋润着河西走廊的万物生灵，他有天堂一样美丽的草原与河流交织的景致。

祁连，对于中华民族，是一只雄健的臂膀，他捍卫着整个河西走廊、牢牢抓住了天山，他阻断了内蒙古与青海的沙漠化进程。

祁连，见证了张骞凿空西域、班超深入虎穴的苦心经营，也默许了白马驮着经卷、法显与玄奘普渡求法的艰辛跋涉，更注视过丝绸之路上商旅往来、驼队悠悠的繁荣与落寞。

清晨的祁连山半山挂着一层平流雾，朦胧温柔。他如同往昔一样注视着脚下的车来人往，一定也看到了我们。

山丹长城，烽障连天

山丹段的明长城是由绣花庙村向西北经峡口村，过花草滩抵揣庄；再与永山高速交汇于长城口后经三十里铺、十里铺至山丹城；而后继续向西偏北蜿蜒，贴着312国道入张掖境，全长约100公里。

沿着国道向西北行驶入山丹境内，北山脚下一段段的夯土墙渐渐连成一线串起座座烽燧。山丹段的明长城基本上贴着北山修建，同时在长城外侧修筑壕沟，善于骑射的游牧民族无法发挥突击的速度优势，这样更有利于防守。

远远看到长城连着一座城堡，在夯土城墙的指引下我们来到沧桑的城门洞前，从门洞里望穿城堡中间一座愈发沧桑的过街楼，悠悠的古道引向城堡身后的峡谷间。这里是河西走廊的长城要塞——峡口。

穿过瓮城遗迹的土墙，再穿过城门洞，行走在贯穿古城的大街上。街两侧破旧的民宅多是大门紧闭，街上也没有行人，整个古城冷清落寞。过街楼上悬着"威震乾坤"的匾额，愈显得苍凉悲壮。在古城东门瓮城外的高处眺望守在峡谷口的古城，视线再随着逶迤的长城向西望不到尽头。我们也不顾烈日当空再次穿过古城，在长城脚下漫溯，经过了一个又一个烽燧。

这里的明长城既没有包砖的华服，也没有巍峨的城楼，只有风沙刻画的墙体与岁月淹埋的壕沟，绵延不断向西延伸；每隔两

三公里依稀可辨的烽燧对着远方的山脉，向着天上的白云。耳畔响起那首歌："走不完的路，望不尽的天涯，在燃烧的岁月，是漫长的等待……"

我们再次与长城并肩前行，来到312国道穿过长城口，想从这古今交汇的节点穿越，随着蜿蜒的长城寻找明清时期长城边的古驿站——新河驿。

这一段夯土长城遗迹保存得相对完整，依旧是每隔两三公里有一个烽燧。金色的阳光打在长城上，形成一道美丽的黄金曲线，包住了西南边的胭脂山。当我们贴在长城脚下一路行走时，却看到了长城的残破。很多地方的夯土已经剥落，长城也被一些乡间的小道打通或割裂。远远看到"长城之眼"，那墙体上一个斑驳的孔，宛如一只眼睛饱含着泪水向我们诉说辛酸往昔。通过"泪眼"看墙后的蓝天是那样通透，让人只有怜惜。

长城内侧出现了一座七十米见方、只有南面开门的小城，城里只留下了一口古井，城门外有一个县文物保护单位的牌子——揣庄。这便是我们要找的长城边的古驿站。

登上一座大烽燧的遗迹，这座烽

燧的形制似乎比其他的烽燧都要大。我们甚至怀疑这里是一个通往关外的城门,因为在烽燧之外有一道矮墙的残迹。这如果不是汉代长城的遗址,那就是瓮城的痕迹。

温暖的夕阳照在长城和我们的身上,身后是湛蓝的天空和如絮的白云,我们张开双臂,似乎是在和古人对话,似乎是在抱拥长城曾经的辉煌。

山丹草滩,天马乐园

山丹军马场所在的大马营草滩两千多年来一直牧马,据说第一任场主是马踏匈奴的西汉骠骑将军霍去病。这位功勋卓著的将领死后,汉武帝将之葬在自己的茂陵边,封土修成祁连山的形状。《元和郡县图志》中记载祁连山一带"美水茂草、山中冬温夏凉,宜放牧、牛羊充肥、乳酪浓好。"

山丹军马场有总场和四个分场,据说是亚洲最大、世界第二大的军马场。只是如今只有军马一场还大量养马,其余的都已改牧为耕了。想着昔日胭脂山下的大草原,一直绵延到远处的祁连山下,方圆近百公里,真是马儿的乐园。

当看到第一群马时,我们激动地大叫停车。那群马在路边不远的草场上悠闲地漫步吃草,还有一匹栗色的小马紧紧跟着自己的母亲。马儿们奔跑起来,一匹棕色的马儿突然嘶叫着倒在地上。只见它四脚朝天,蹄子不停地蹬着,叫得越来越欢。它是吃欢了在撒欢吧!

不知道现在的山丹马是否还有传说中汗血宝马的血统,但山丹马

无疑是我们见过的最俊美的马,外形最接近那匹踏燕奔马。蒙古马、巴里坤马和哈萨克马……多少种马反复杂交之后才诞生的优良品种。且不说那一人多高的壮硕身躯、性感的后臀、圆圆的肚子、结实的四肢、厚厚的鬃毛和大大的鼻孔,光是那毛色和神气,就让人越看越喜欢。去窟窿峡的途中我们进行了第一次的骑马培训,当然也不忘品尝一碗醇香的牦牛酸奶。

　　第二天一早我们就守在水槽边,等候马群的出现。不远处终于有动静了,十匹,二十匹,……上百匹马朝着我们奔过来。似乎是马倌一声令下,群马加快了速度,一路小跑着,宁静的清晨激动了,我们目瞪口呆时已被群马包围。身边的马儿似乎也不怕人,只管喝水,喝饱了的马儿鼻孔满足地喷着气……这群马非常壮实,有着圆滚滚的肚子。马的颜色以黑色、栗色和棕色居多,灰色的夹杂其中;不少马儿长长的鬃毛在头前随意地分开,露出额心一点白。

　　追着马儿气喘吁吁地来到马厩,看着饲养员清点马数。饲养员说这里一共有三百多匹马,每天早上集中进厩点数,接下来就自由放养了。

　　我们随着一群马儿在这片绵延的草甸上漫步。脚下柔软的牧草几乎没过膝盖,呼吸之间都是泥土和青草的芬芳,远山如画,这醉人的草原。

　　我们追上了马儿,它们有的埋着头只顾吃草,有的抬起头注视着我们。走到一匹浅栗色的小马驹面前,小马驹抬起脖子也没有一人高,我们抚摸着它的鬃毛,起初的不安很快就被安抚了。它的额心也有神气的一点白,长大后肯定也是匹骏马。我们拔了草送到它面前,小马一把扯过这把草,不一会就吃完了。我们赶紧再去拔草,小马早已迫不及待地用头蹭着我们,像小猫一样仰着头要食,全然不顾它脚下的天然食盆。每当要离开,小马都追过来蹭我们,我们只有停下来继续给他喂草。这惹人怜爱的马儿,它要的不是吃的,而是宠爱。

失我胭脂山,妇女无颜色

> 胭脂山据说以盛产胭脂而得名。当年匈奴因霍去病截断河西走廊、痛失了这片高山草甸后,发出了"亡我祁连山,使我六畜不蕃息;失我胭脂山,使我妇女无颜色"的无奈叹息。

雨后的浓云渐渐开了,露出了前方起伏的山势,汽车在两山之间的草原上飞驰,大片野花和油菜花用艳丽的妆容迎接我们。

南边的草原一直延伸到祁连山脚下,而北边不远处云雾笼罩下有一座山脱离了祁连山和龙首山。这座山的山势并不陡峭,山顶是翠色葱葱的林场,半山以下尤其舒缓,都是成片的高山草甸;云朵的影子投在草场之上,显现着让人着迷的光影层次,阳光下的草儿犹如天鹅绒般细腻;草甸上俊美的山丹马成群结队,有的悠闲地吃着青草,有的在草场上闲庭信步,有的相互追逐、嬉戏玩乐;祁连的雪山融水从山边流过。这座山有一个美丽的名字——胭脂山。

今天仍然可以看到这片天然的牧场,被河西走廊的长城完整地包了进来,北方游牧民族进入这里的道路被完全截断。

记得明代左忠毅公《入塞曲》歌颂张骞道:"大汉空高尘不

飞,新秋塞上草犹肥。石榴红绽葡萄紫,博望遥驰宛马归。"对着祁连山和龙首山之间的胭脂山,身处广袤的新秋草甸上,看着奔腾的山丹骏马,想着匈奴的叹息,也不禁次韵续貂、赞叹起霍去病了:"龙首祁连一并飞,胭脂山下马儿肥。匈奴丽妇多颜色,骠骑成家万里归。"想着他当年匈奴未灭不言家的豪情,如今载着赫赫功勋,他应该可以在匈奴佳丽中挑选一个带回去成亲了。

张掖访古,甘州览胜

张掖取"张国臂掖,以通西域"而得名,汉武帝元鼎六年置郡,以其"河山襟带、扼束羌戎"的地势断了匈奴右臂。祁连融雪的黑河滋润着这片绿洲。向达《西征小记》中道:"武威、张掖则流水争道,阡陌纵横,林木蔚茂,俨然江南。故唐以来即有塞北江南之称。"

甘州音乐《波罗门佛曲》传入中原后被唐玄宗改制为《霓裳羽衣舞曲》,甘州边塞曲流入中原后成为浑厚的教坊大曲,逐渐形成了《甘州破》、《甘州子》、《八声甘州》、《甘州曲》等词牌、曲牌。

张掖在唐开元年间人口只占武威的五分之一,可是日后渐渐有了"金张掖、银武威"的说法。为何在河西走廊上,张掖的繁华会超过武威呢?

也许张掖市中心的镇远楼能给我们一个合理的解释。镇远楼四面城楼上皆有牌匾，东边是"九重在望、金城春雨"，南边是"身教四达、祁连晴雪"，西边是"万国咸宾、玉关晓月"，北边是"湖山一览、居延古牧"。也就是说，张掖东行可以经过兰州到达帝都；南边翻越千年积雪的

祁连山能让中原的礼教文化传播到青海一带；西出玉门关可以让西域的各国臣服；北边可以沿额济纳河直达内蒙的居延海，联系着那里的游牧民族。这几块牌匾正揭示了张掖作为丝绸之路与居延古道的交汇点，有着"塞上锁钥"通达四方、得天独厚的地理优势。

上午来到张掖第一古迹——大佛寺，发现大佛寺整体建筑竟然是朝西的。或许是与大同辽代寺院朝东类似，大佛寺建于西夏，与中原习俗有所差异。大佛殿为两层重檐的砖木结构，面阔达到九间，但砖墙与斗栱是晚清重修。墙上砖雕有贴金的痕迹，木门上也饰有彩绘，这些细节显露出大佛殿当时的金碧辉煌。

虽然我们早就知道在大佛殿有号称"中国室内泥塑卧佛之最"的大卧佛，但是进入殿内还是惊呆了。一尊长三十多米的鎏金大卧佛，半睁双眼带着一丝安详的笑容，枕着自己的手臂躺在须弥座上。卧佛的两边各立着大梵天和帝释天，身后立着面带悲戚的弟子。这组雕塑描绘了释迦牟尼涅槃的场景。

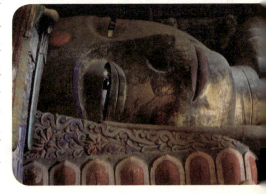

第三篇　河西走廊的烽火连天

明代大佛腹中出土的铜纪事牌、明正统年间御赐的经卷等文物，都陈列在大佛殿后面的两座大殿中。其中金线描经卷画细致到头发胡须根根分明，极为精美。

大佛寺最后面是一座覆钵式的土塔。张掖历史上佛教极为兴盛，旧志形容张掖是"半城塔影"、"遍地古刹"。据说张掖本来有金、木、水、火、土五座塔，如今只剩下土塔和木塔了。砖木阁楼式的木塔虽然历史悠久，但现存木塔却是明清重修的。

在大佛寺的边上是山西会馆。和大多数的会馆一样，有精美的门楼、戏台、牌坊，以及关帝庙等建筑，木雕工艺精湛。

下午来到马可波罗街的塑像前，缅怀这位七百多年前沿着丝路从帕米尔高原走来的意大利旅行家。他穿过丝路南线和罗布泊后从酒泉来到张掖，并在此居住了一年。当他从西域来到一省首府的张掖，也为这里规模盛大的佛寺与繁华的商业气氛深深吸引。

走访了大半天的甘州古迹，最后来到甘泉公园。西魏之后张掖改称甘州，即因这里的甘泉清冽而得名。这里的几处泉眼滋润了甘州的一大块湿地，后来凿池堆山、叠桥植柳，使得甘泉公园有了园林之趣,虽然不及江南的细腻,但在西北城市间已属难得。我们在一棵大柳树下坐着,喝着鲜爽的三泡台。大半杯茶水下去,大半天的徒步艰辛也渐渐忘却。三泡台是明清时期由中原传入西北,并与当地穆斯林饮茶习俗相结合,形成的具有浓郁地方特色的茶品。因为茶具由茶盖、茶碗、茶托三样组成,所以称为"三泡台"。三泡台除了绿茶之外,还要配上菊花、桂圆、葡萄干、小枣、枸杞、冰糖、核桃仁等为佐料,又称八宝茶。

在城东的道德观我们听到了社区组织的演奏。他们奏出的乐曲带有古朴浑厚的河西风韵。依着道观前的古松,情不自禁默默念道"学语胡儿撼玉玲,甘州破里最星星"。

走马马蹄寺,日出动经幡

马蹄寺依着祁连山,传说天马于此饮水留下蹄印而得名。初建于一千六百多年前的北凉,而后历代均有修建。现在留有胜果寺、普光寺(三十三天窟)、千佛洞、金塔寺等遗迹。

我们朝着绵延起伏的祁连雪山赶往马蹄寺。当投入祁连的怀抱,在突兀崖壁上先看到的是千佛洞。这组洞窟的规模与形制大体保留,但是窟内除了一尊站佛与边上侍立的二弟子为明代遗物之外,其余雕塑都是近年塑成。整个千佛洞曲径通幽,古人修建石窟因地制宜,有的洞窟无法通过台阶到达,便凿出甬道、安置铁索攀爬而至。拜佛不易,却见虔诚。

沿着公路看到这片祁连山脚下的宽阔草甸,夹在祁连山延

伸出来的两条支脉间，仿佛是祁连山伸出双臂将这块草甸拥在了怀里。

我们爬上陡峭的左臂——三十三天窟。在一整块崖壁上凿出了宝塔形的五层洞窟，连接各窟的甬道也都凿在岩壁之内。有的佛殿在崖壁上修了屋檐，如同天上宫阙。只是洞窟佛龛内藏传佛教的佛像都是近年重塑，只有一些拱门和佛龛是旧时遗迹，偶尔的莲花图饰有着明代遗风。

三十三天窟边上有一座更宽敞的洞窟，山体上开了三个气势宏大的窟门，进门便是大殿，只见地下倒着一块牌匾——藏佛殿。这座窟的主龛已经损毁，侧面墙体还残留有明代风格的中原人物壁画。而大殿后边"U"形走廊两侧的龛内还有一排排的佛龛，佛龛里供着藏式佛像，看样子是旧时的佛像近年重新刷了石灰。墙壁上残留的中原人物壁画和供奉的各式藏佛像，正显示了马蹄寺一带多种文化的融合与不同佛教派别的更替。

旁边的马蹄殿不大，但是在中心塔柱前的青石板上有一处痕迹酷似马蹄印，成为马蹄寺的镇寺之宝。马蹄殿中的塑像多为近年修复，墙壁上隐约有一些残留的明清彩绘壁画。

我们渴望近距离面对祁连雪山，不顾中午的骄阳，沿着登山步道直上观景台。雄伟的祁连挽着蓝天下的白云格外动人。远处的雪山吐了一条大冰舌，近处的山体被融雪侵蚀得嶙峋突兀。下山一路看到绵延的石窟群，窟中多雕有藏式佛塔。

山脚下刚好是民族歌舞演出的场地。这里的藏族与裕固族人能歌善舞，有着草原雪山的豪迈与温情。

静谧的清晨，东方天空中一抹霞光越来越鲜红明亮。一点亮光从对面起伏的山丘线上透了出来，我们甚至能看到这道亮光是从树影间透出来的。一轮红日缓缓升起，色调瞬息万变。当她透出金黄色时，便点燃了顶上的万丈云霞，烧着的云霞不断地翻滚涌动，正如同佛的背光火焰纹。不知什么时候起风了，将白塔前的经幡阵阵吹起。飘动的经幡奏起梵呗清音，分明在传达佛对我们的青睐。

在马蹄寺的白塔前，能看到这样的经幡日出，是对我们这两个丝路朝圣者最好的赞许。

丹霞魔幻，五彩泥岩

从张掖向西往南方向寻找张掖丹霞。沿途已经出现了不少五彩的山丘，有的通体紫色、突兀嶙峋，有的身披五彩、变幻斑斓。我们迫不及待走向丹霞，乡间的小路在雨后非常泥泞，带着满满的两脚泥爬到高处。眼前的山丘没有一点儿植被，但是却有着完美的线条与丰富的装饰。沿着小路艰难行走到山丘的背面，发现如同大海波浪般的山丘线绵延不绝，一个个山头如同冲上沙滩的五彩贝壳，宛如梦幻。

我们来到景区的第一个观景台。面前的山丘层层起伏，一眼望不到尽头，山与山之间通过梦幻般的彩带一组一组连接着，磅礴的气势如同一道七彩的河流向前方倾泻而去。我们多想沿着山坡冲下去，在这斑斓的河流中畅游。

如果说前一个观景台看到的是丹霞纵向的美，那么第二个观景台看到的则是丹霞横向的气势。绵延山体间一道道的彩色，浑如画笔刷成的油画。红色、橙色、黄色、紫色、绿色、灰色、白色……我们在山头之间移步换景，左右顾盼，更忘情地沿着山脊冲向了远处的山巅。只有在那里才能看见远处一座天然风化形成的巍峨古堡。等我们将自己的影子也映在了七彩山体之上成为第八种颜色后，准备返回时才发现这条山脊竟然异常陡峭，我们脚都软了，一点点挪着步子，就差四肢着地了。

在景区最核心的一组丹霞"刀山火海"，夕照和霞光将丹霞染得更加绚烂，边上一组山丘形成了七彩扇贝。我们沿着丹霞的峡谷穿梭，完全融入了大自然的画卷中。

来之前看到张掖丹霞的图片，我们一直以为是经过加工的。因为我们熟悉的丹霞是如同武夷山和丹霞山那样山体由红色砂砾岩构成，但张掖的丹霞却是七彩的泥岩构成，大西北的独特地质和气候成就了这魔幻般的色彩。

风蚀冰沟，鬼斧神工

冰沟其实是一个风蚀的砂砾岩及泥岩沟，是我国发育最好的窗棂状宫殿式丹霞地貌。如果说张掖丹霞以颜色胜，那么冰沟则是以姿态胜。

进入冰沟的峡谷，两边都是高高的岩壁，抬头看去岩壁上各态的山形仿佛夜语的鬼魅。随着步道登上高处，面对的正是冰沟古堡。这座砂砾岩与泥岩风蚀的城堡比昨天丹霞景区看到的那座还要形象，有高高的城墙，突出的马面，高耸的棱堡，还有连缀的宫殿。

这里的山体颜色以赭红色为主，随处耸立着长年经受雨淋风蚀而成的立柱、窝洞、叠崖，突兀挺拔、连绵不绝。尤其是这里的立柱尖上风化多为球状，别说是自然形成，就算是人工都没那么容易。

南边祁连的绵延雪山渐渐呈现了金色，雪山的那一边便是青海。在冰沟古堡前静静等到朝阳撒上去的那一瞬间，古堡在光线下显得更加立体生动。

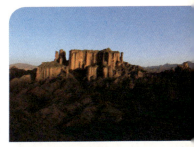

我们再去寻找"西域魅影"。经过风化如同恐龙蛋一样的西域神兽石，一对立柱中一根柱顶有球状突起，另一根柱顶扁平且有个小孔，似乎是一把钥匙和一把锁。最有意思的是锁孔，一边凸出来一边凹进去，风蚀竟然如此奇妙。

很遗憾不能徒步穿过那纵横如迷宫般的沟壑，但看到西域魅影的山景，让我们对神秘的西域更加向往。

酒泉嘉峪关：
酒泉酒美、嘉峪雄哉

河山环带，御酒泉香

酒泉是汉武帝设置的河西四郡之一。据说当霍去病征讨匈奴的捷报传来，汉武帝千里赐酒，而意气风发的霍去病认为功在将士，于是将御酒倒入泉中与将士们共饮。唐代这里改称肃州，虽然人口不多，但地理位置显著。《读史方舆纪要》中记载其"迫临边徼、通道羌戎、河山环带、称为要会"。向达《西征小记》中道："汉武帝开河西四郡，立酒泉以为中权重镇，北控居延，南枕祁连，西有敦煌以为前卫，东有武威、张掖为之后路，卒能击破匈奴，以雪高祖之耻。"

从张掖出发一路向西，没多远就过了黑水，一路左顾右盼却未能找到黑水国的遗迹。在茫茫戈壁只有绵延的雪山和电线杆为伴。正午的阳光炙热，在戈壁中更加昏昏欲睡。就在汽车行驶进入高台县境内的时候，突然有一个标牌——骆驼城遗址。北凉沮渠蒙逊曾建都于此。这里有玄奘的足迹，传说正是玄奘于此垒台上晒经，才有今天"高台"这一县名。

默念着岑参的"昨夜宿祁连，今朝过酒泉。黄沙西际海，白草北连天"，穿行三百里戈壁从古甘州来到了古肃州。今天酒泉的繁华与张掖在伯仲间。我们首先寻访耸立在东、南、西、北四条大街之间的钟鼓楼。四方的钟鼓楼每一面也都有匾额分别写道：东迎华岳、南望祁连、西达伊吾、北通沙漠。当我们行走在南大街上，意外发现祁连雪山近在眼前，那惊艳的一瞥让人怀疑是海市蜃楼，宛如梦境。第一次发现祁连雪山与我们是这样的贴近，而当地人已习以为常了。

北郊的北大河畔远眺祁连的眉目，脚下的祁连融雪由南向北流淌着，千古孕育着肃州的万物生灵。

东郊的西汉胜迹主题公园里垂柳依依，仿汉代的宫阙楼阁与泉池亭台错落有致。传说中的酒泉就在园内汩汩涌着。如今这里确实弥漫着浓郁的酒香，香气来自于边上的酒泉酒厂。酒厂出品的汉武御酒在河西颇有名气。在酒厂大门内立着酒仙李白的雕塑，下面刻着他的《月下独酌》。"天若不爱酒，酒星不在天。地若不爱酒，地应无酒泉。"

在西汉胜迹往钟鼓楼的路上有一组雕塑立在柳树荫下。第一幅就展示了"酒泉"的来历。而后我们找到了玄奘的雕塑，仍旧是拿着锡杖向西迈着坚毅执著的步子，这让我们也情不自禁朝着他指引的方向奔去。

夕照关楼，嘉峪雄哉

> 嘉峪关始建于明初，位于丝路要冲，东连酒泉、西接玉门、背靠黑山、南临祁连的咽喉要地。至公元15世纪末，明朝失去了新疆东部的诸多卫所，退守嘉峪关而尽弃关外之地。嘉峪关成为明代中晚期的西陲绝塞。

远远看到了嘉峪关，层层叠叠的关楼在戈壁上显得威武沧桑。夯土的长城从关楼延伸过来，我们穿过长城后再贴着城墙来到明代长城第一墩。

明代长城第一墩是明代长城最西边的烽燧。远看长城第一墩和一般的烽燧没什么不同，但是当我们走近时，惊奇地发现第一墩前临一道深陷的峡谷。那是祁连融雪汇成的讨赖河，长期冲

蚀戈壁而形成的深谷。站在岸边看着脚下陡峭的崖壁和滚滚的河水，禁不住有些眩晕。我们终于明白为什么会在这里垒起长城第一墩。在距离关楼十里的戈壁之上，前临讨赖河峡谷天险设立一座烽燧，既有天险可以据守，又有极佳的视角。

返回嘉峪关的关城——明代中晚期最西陲的军事重镇。远处的祁连与近处的黑山在这里只留下了一个山口，嘉峪关就设在这里。外城、瓮城、内城显示了这座城池的坚不可摧。关城两侧的长城宛如两只雄健的手臂，一只臂膀重拳出击的，便是刚才看到的第一墩，而另一只臂膀占据高点以千钧之势待发的，便是黑山上的悬臂长城。

嘉峪关的关城有东、西两个城门。无论从哪个城门进入内城都需要先过两道瓮城。因此在嘉峪关的侧面便能看到六座关楼。内城不过一里见方，偏北的那一块是关城的中枢——游击将军府，偏南的则是演武场。登上关楼四望，南边的祁连积雪绵亘，西边的黑山向北绵延、突兀耸立，他们与关城一起保卫着东边的广袤戈壁。

夕阳渐渐西下，关楼染上了一层金色。我们西出关城置身关外。嘉峪关城楼层层叠叠，映衬着祁连的积雪愈发雄壮苍凉。这里曾演绎过多少"将军百战死、壮士十年归"的故事。一阵风吹来戈壁上飞沙走石，正应了古人"嘉峪关前北风吼，惊沙扑面怪石走"的诗句。

残阳映照、关楼似血，云起狼烟，出关行走在荒凉的戈壁上，让夕阳将我们的影子拉长、直指关楼的方向。

第四扁

敦煌石窟的艺术殿堂

　　沿着疏勒河来到汉武帝设置的敦煌郡。这里既有两千年来的风沙戈壁与烽燧狼烟，也有诗人笔下春风不度与西出无故人的千古关隘，这里更是佛教兴盛留下的石窟壁画与造像的艺术殿堂，也是近代中华民族学术与文献的百年心伤。

　　西出嘉峪关告别了绵延千里的祁连雪山，投身到满眼苍凉的戈壁荒滩。经过桥湾古城，随着涓细蜿蜒的疏勒河水，是汉长城与雅丹的交替，连着唐代玉门关的沧桑故址。沿途瓜州风口林立的风车四面起舞，迎来我们的风尘仆仆。

　　从榆林窟开始，看到了绚烂精美的壁画，我们与千年前的公主相对凝眸，欣赏着极乐世界的绝美舞姿，仿佛置身时空变幻的梦中。锁阳城的断壁残垣，还挽着玄奘西行的脚步，高大的残塔如同吹响万里蓝天的号角，回荡在空中的只有一个信念——不到天竺绝不回返。

　　从瓜州到沙洲的戈壁，让我们如行走在世界的尽头。倘若不是如此，又如何能到达天边的艺术殿堂？

从矮小简陋的禅窟，到高大绚烂的殿堂窟；从西域传来的晕染法，再到融入中国的水墨画；从简单的佛传故事与经变，到雷公电母、伏羲女娲，以及张骞出使、张义潮归唐等长如史诗的西域连环画；从犍陀罗风格的交脚弥勒，再到身材婀娜的美女菩萨……哪一样不昭示着丝路上融合的风俗与文化？只是那百年前的浩劫，让人看一眼那个低矮的藏经洞窟都潸然泪下。曾经不愿来这里，是不堪百年的悲愤；而今来到这里，是为了知耻后勇的发愤。

清澈的月牙泉如同天之泪眼，藏在起伏的鸣沙山下。悠悠的沙漠驼队在沙丘线上缓缓地前进，耳畔响起了丝路上的驼铃声。从敦煌再向西，来到阳关旧址的烽燧前，看着古董滩上的戈壁黄沙，这里西行穿过罗布泊到楼兰，留下了傅介子直斩楼兰的篇章和班超深入虎穴的孤胆。再穿过戈壁拜访汉代玉门关，在一方孤城下看着通往车师的大海道，这里曾是班超万里封侯、思乡心切的凝望。踏着几万里的长风，吹度汉代的长城城垣，那城墙边两千年前的草垛似乎还可以将塞外的烽烟点燃。

敦煌的雅丹落日，风吹石走，历史的车轮就这样无息地滚动，我们向西，再向西！

瓜州：
随风起舞入殿堂

桥湾古城，警钟长鸣

相传康熙梦到西北巡游，在寂寥的戈壁沙碛中突然出现了一片绿洲，清水弯环西流，河边有两棵参天大树。康熙梦醒后非常高兴，觉得梦中之境必是龙游圣地，即命人按梦中情景绘图查访。有人到了桥湾，忽见疏勒河碧水西流，河边两棵高大的胡杨树，与康熙梦中情景吻合。康熙听说后龙颜大悦，拨巨款派亲信大臣程金山在桥湾督修一座方圆九里九的城池，以加强西北防御。程金山父子奉旨到此，见这里荒凉偏远，心想山高皇帝远，便浑水摸鱼贪污了银两，修一座小城敷衍了事。后来康熙得知怒不可遏，降旨将程金山父子处死，取头剥皮制成人头碗和人皮鼓，悬在桥湾城里的永宁寺，日夜敲击以警后人。

穿过嘉峪关边的城垣，随着祁连山向广袤的戈壁行驶，沿途不时看到烽燧的遗迹。蓝天中纤云游丝，戈壁一望无际。

远远地看到桥湾古城伫立在戈壁中，边上环着静静的疏勒河。一步步接近古城，正午的戈壁骄阳似火，夯土的城垣残破沧桑，甚至让人误以为这是一座唐代城池的遗址。但是桥湾古城与丝路上的其他古城不同，虽然它靠着一道汉长城的遗迹，但论资排辈也只是个康熙年间的小弟弟。

桥湾城的故事似乎告诉了我们才经历三百年的清代古城，为何有着貌似唐代古城的残破：原来这是康熙朝的一个大豆腐渣工程。三百年后的今天，不管是龙游圣地也

好、豆腐渣城池也罢,都成为荒凉戈壁中的残破旧迹了。而人头碗和人皮鼓这两件触目惊心的文物还陈列在桥湾古城博物馆中。城中立着康熙驾车西巡的雕塑,而雕塑前"泽被无疆"四个大字,据说是当时的百姓听说康熙处死贪官后联名献上的。

疏勒河底,唐代玉关

> 玄奘从当时的瓜州(今锁阳城)夜行,带着孙悟空的原型、一个在瓜州刚刚受戒的胡僧,向北经过唐代玉门关。他们远远看着关楼却不敢接近,沿着疏勒河向上游走了十多里,才"斩木为桥、布草填沙、驱马而过"。偷渡之后玄奘很是高兴,而胡僧起了异心,险些要加害玄奘。胡僧说:"唯五烽下有水,必须夜到偷水而过,但一处被觉,即是死人,不如归还。"最后胡僧和玄奘分道扬镳。

离开桥湾城向瓜州行驶不远,我们注意到左边有些起伏的土堆,开始以为还是汉长城的遗迹,但是怎么右边也有了?而且越来越多?

原来是雅丹!曾经以为要到敦煌才能看到这种奇特的地貌,没想到今天就邂逅了。古人将雅丹形容为魔鬼城或者龙城,果然很形象。

经过雅丹之后又是荒芜的戈壁。在昏昏欲睡时前方出现了一片宽阔的水域,我们还以为是海市蜃楼呢,直到司机对我们说这是疏勒河上的双塔水库,唐代玉门关就在水库之下。

我们想到了玄奘偷渡玉门关的故事,数落那个胡僧犯下的错误:首先他低估了玄奘的人格魅力,不知道第一个和第四个烽火台的校尉非但没有将玄奘问罪,反而都热情接待玄奘、帮着出谋划策;其次是他虽然往返西域多次,却没有方向感,不知道可

以从第一烽直接穿越到第四烽;最后是他低估了玄奘不畏艰险的执著精神,玄奘依靠识途老马找到了泉水,终于穿过了茫茫沙海。当然,胡僧还是做对了一件事情:他相信了玄奘的誓言,没有加害玄奘。

瓜州到了,高速出口的大宣传牌上写着:"世界随风而动、瓜州随风而舞"。瓜州不仅有瓜,还有风,这里是著名的安西大风口。

这么大的风口缘自祁连山的告别。祁连,在离开她的时候开始想念她。她的雪山融水,滋养着河西走廊的大片土地,石羊河、黑河、疏勒河,陪着我们从武威到瓜州。祁连在此结束了她长达一千公里的旅程。而我们的旅行还将继续,却不再有她的陪伴。

榆林河畔,回鹘公主

榆林窟是敦煌石窟的一部分,是莫高窟的妹妹。其中五代时期的回鹘公主在第16窟、西夏的水月观音和玄奘取经图在第3窟、文殊普贤经变在第25窟,都让人魂牵梦绕。美丽的回鹘公主来自甘州回鹘,是五代瓜沙二州(敦煌地区)归义军节度使曹议金的夫人。

一大早我们乘车翻过突兀荒凉的山岭、穿过广袤荒芜的戈壁、经过融雪浸透的绿洲,来到悠悠曲折的榆林河畔。峡谷两侧分布着大大小小的石窟,河边榆树成荫郁郁葱葱。

随着管理员进入榆林窟的东崖,在五代时期的第12窟第一次

见到了精美的药师佛经变与阿弥陀佛经变画。大型经变画的场面布置精当,亭台楼阁的造型为研究当时的建筑提供了宝贵资料。两侧还有精美的供养菩萨,让人看到了佛国世界的祥和气氛。

很疑惑看着差不多的经变画,为何能分出来是药师佛经变、阿弥陀佛经变、弥勒经变呢?解说员告诉我们可以根据画的位置、画中的人物和内容,以及画两侧描绘的故事来判断。例如药师佛在东方净琉璃世界,身边有日光、月光两位菩萨及十二药叉;阿弥陀佛又称无量寿佛,在西方极乐世界,身边有观音及大势至菩萨,下面有莲池及舞台,往往有反弹琵琶等歌舞;弥勒经变往往根据《弥勒下生成佛经》为依据绘制,画面的主体是弥勒三会,两侧往往有经变故事。

来到第16窟瞻仰回鹘公主。只见公主高髻凤冠、团领红装、手捧香炉、璎珞明珰,特别是脸饰花钿,让人想起《木兰辞》中的"对镜贴花黄"。相隔千年的凝视,壁画中的公主仿佛呼之欲出,翩翩走来。

在第19窟中我们看到劳度叉斗胜变,这幅大场面的连环画描绘了劳度叉与佛斗法,无论如何变化都被佛——降住,最后皈依佛门的故事。同样的题材在莫高窟中也有出现。

在一座宋代的石窟,解说员指着一队宋代的供养菩萨说:宋代的供养菩萨千人一面,在艺术上与唐代甚至五代相去甚远。

在大佛窟有一尊高达23米的唐代弥勒。洞窟墙上有一条水线,留下了榆林河曾经发大水的记录。很后悔我们当时因为几百元的票价而没有参观特3窟与特25窟。如今相隔万里,只能在网上搜索一些图片,想象那精彩的梦幻了。

东千佛洞,西夏艳佛

东千佛洞是敦煌石窟的一部分。在为数不多的几座洞窟内,保存着珍贵的西夏壁画。壁画以青绿色调为主,多是密宗题材。以特2窟的水月观音和玄奘取经图,以及身姿妩媚、服饰特殊的密宗观音像最为珍贵。

中午的戈壁热得让人喘不过气来,同样喘不过气来的还有公路两旁的红柳与骆驼刺,在公路两边蔫蔫地耷拉着脑袋。过桥子乡之后远处戈壁上有了城垣的痕迹,唐代的瓜州郡故址锁阳城到了。

距离锁阳城二十公里有东千佛洞,虽然只有几个洞窟可以参观,但是我们不想错过其中的特2窟。汽车沿着简易的公路从锁阳城边上划过,再次行驶向茫茫戈壁。一路的沟沟坎坎据说都是开春后山上的积雪融化冲刷而成,偶尔的烽燧遗迹让戈壁显得更加凝重。

东千佛洞两边的山崖上散布着二十几个洞窟,大部分已经颓败不堪,除了我们之外再没有游人。残留的几座石窟中雕塑多是清代以后重塑的,只有壁画值得欣赏。特2窟有一尊西夏时期的密宗观音身穿白色短裙和棕色丝袜,摆着藏式舞姿,因此被称作"打扮前卫的艳佛"。而我们最关注的是窟中也绘有水月观音和玄奘取经图,虽然悟空的面部已经漫漶不清,但是玄奘还勉强能识。敦煌的所有玄奘取经图中只有玄奘和悟空两个人物,有的还绘有一匹马。这些画面比西游记早了三百年,可见西游记师徒的形象是逐步丰富的。

塔儿残寺,锁阳故城

锁阳城是汉代敦煌郡冥安县治所,西晋晋昌县治所,唐代瓜州郡治所。古城基本上呈四方形,边长大约一公里,城墙每边都有马面,城东北与西边各有一处城门,四个角都有角楼,以西北角的角楼保存最为完好。这里在唐代是丰饶的绿洲,曾经有完整的灌溉体系。玄奘当年就是从这里向北边的唐代玉门关而去。

锁阳城的得名是因为这里盛产一种叫做锁阳的名贵药材。传说当年薛仁贵困于城中,幸亏找到了这种能食用的植物而撑到援兵到来。

返回锁阳城的途中我们看到了位于锁阳城东北的塔儿寺。一座覆钵式的大塔只剩了下半部残骸,周围簇拥着十几座小塔的遗迹。路边立有玄奘肖像的石碑,碑上写着"玄奘之路",下面几个小字:"理想、行动、坚持。"

玄奘在这里苦于没有向导,接着来了一个叫做石盘陀的胡僧受戒;玄奘随后更换了一匹识途的老马,而正是这匹老马在沙漠里救了他的性命。明代以后这片区域逐渐被荒废,最后探险大盗斯坦因到这里大肆挖掘……立在最大的残塔前,看着蓝天白云下古塔依着远处的雪山屏障,巍巍屹立而不倒。瓜州的风向我们吹来,戈壁上飞沙走石,是千年屹立的古塔在向我们召唤。

或许是"理想、行动、坚持"那几个字，让我们顶着酷暑穿过戈壁寻访锁阳城的决心更加坚定。我们向两公里外一座高耸的烽燧走去，那是导游临走前给我们指的方向。两个追寻丝路的游子，正迎着当年玄奘的足迹，仿佛看到1400年前的他昼伏夜行走出锁阳城……

我们终于走到了锁阳城的北门瓮城遗址，那里立着一个标志牌，写着当年玄奘从这里出城。行走在城中，起伏的土堆是当年住房的遗迹，低洼的地方是当时的街道。走向锁阳城的西北角，那里正是高耸烽燧的所在。这座烽燧与众不同的是中间有一座拱门，是为了减少烽燧对风的阻力。

返回瓜州的途中我们经过破城子。正如其名，两百余米见方的城墙残破不堪。这里是汉代广至县治所、唐代常乐县治所。破城子的四角还存有角楼，四边城垣也还留有马面。这座城当年只有一个北门，瓮城的遗迹可寻；而我们从南边城垣的缺口进了城。城中已经荡平，只有如血残阳映照在城中。

敦煌：
悲欣交集的沉醉

登上鸣沙山，夕照月牙泉

《元和郡县图志》中记载鸣沙山虽是积沙堆成，但是比石山还危峭，四面都是沙丘，山脊的沙丘线如同刀刃，人踩在上面就会纷纷颓落发出鸣响，而经过一夜的风吹又锋利如旧；鸣沙山中间有一眼泉水，从古到今沙怎么填也填不满，泉水甘甜清冽。

离开了"世界风库"瓜州一路向南，又是无边无际、毫无生机的荒漠戈壁。右边的铁路与公路并行，越过铁路线仿佛就是世界的尽头。向达《西征小记》说瓜州到敦煌二百八十里，每隔七十里有甜水井、疙瘩井等驿站，或许途中经过的几道烽燧和土墙残迹即为旧址。

到敦煌已是下午，正好赶上去鸣沙山。才下车我们就被眼前的沙山镇住了。没想到距离城市这么近的地方竟然有这样一大片沙漠。步入鸣沙山，看着嵌在沙丘中央如同天使之眼的月牙泉，有一种说不出的怜惜。月泉阁上登高远望，四周的沙丘望不到边际，而眼下的泉水清澈荡漾。

沿着一条沙丘线向鸣沙山上冲锋，冲上去三步、滑下来两步。看来只有慢慢地、一步一步往上攀登。我们上到山脊，才发

现山脊的另一边还是起伏绵延看不到边际的沙丘。山脊上风大得吓人，几乎站不稳，脚下的沙子飞一样地流动。我们迎着风坐在沙山上，看着太阳缓缓坠入云中，而余晖洒在眉目分明的月牙泉上。

在满天的霞光下，我们从山顶滑沙下山，手脚并用不一会儿就下了山，意犹未尽地回看沙山上被我们拖得长长的印记。

莫高窟，壁画雕塑列明珠

去莫高窟的途中我们一路注视着三危山。据说前秦时期一位僧人看到了三危佛光，便在山崖上开凿了一个小窟参禅，而后莫高窟逐渐成为河西的佛教圣地。一下车就见到了王道士墓塔，心中百感交集。敦煌，我国传统文化之灿烂者；敦煌，我国传统学术之伤心者。今天，在丝绸之路的旅程中这里无法回避，我们来了，莫高窟的百年沧桑！

敦煌文化主要包括艺术和学术两个方面。前者主要由壁画、雕塑、经幡丝绸画等展现，后者则主要由敦煌的文书、碑刻、题记等展现。当然两者也有紧密联系，例如壁画内容可以反映学术，而文书的书法则属于艺术。可以从技法、风格、内容等方面来观察敦煌壁画的传承与发展；而雕塑可以从造型、风格、主题等方面来体会。

莫高窟主要有三个编号体系，最早是伯希和的编号，接着张大千也进行了编号，现在通用的是敦煌研究院的编号。下面以时间为序，将各个时期莫高窟主要特点及代表石窟的壁画与雕塑列出：

黑白照片为伯希和探险队拍摄的莫高窟，图片来自"数字丝路"网站（http://dsr.nii.ac.jp）

时期	主要特点	代表洞窟号	壁画	雕塑
北凉 401—439年	壁画：绘画手法为晕染法，也叫凹凸法，线条的外侧颜色深，里面颜色浅，以此体现出立体效果，而由于千年代久远，肉侧的颜色也逐渐变深，所以体现出粗犷的线条，其实当时是非常细腻的。雕塑：第275窟交脚弥勒刚劲有力，具有犍陀罗风格。主要洞窟：第268、272、275窟。	第272窟方形窟	供养菩萨、藻井上的质朴飞天形像	
		第275窟（特窟）长方形窟	质朴的本生故事	交脚弥勒像
北魏 440—534年	窟形：以中心塔柱及人字坡的结构为主。中心塔柱石窟形式在北魏成熟，应用在我国各地的石窟中。其本源来自于印度的支提窟，而后渐渐中国化，变成四面方正的塔柱形式。这样为洞窟增加了立体的效果与雕塑、壁画的创作空间。壁画，依然承袭着北凉的西域风的深色底，从天宫伎乐的图形象可以了解到当时西域的音乐发展状况。雕塑：几尊雕塑仍旧体现出犍陀罗的造像艺术影响，衣褶纹与同时期的麦积山、云冈、龙门等地的风格相比显得古朴自然。雕塑内容上依旧以兜率天的交脚弥勒为主，且看到二佛并坐的《法华经》主题。第259窟神秘微笑的禅定佛造像很精美。第248窟的菩萨像震感。主要洞窟：第248、251、254、257、259窟。	第251窟中心塔柱窟	南壁上部的天宫伎乐	
		第254窟前部人字坡顶，后部中心塔柱	南壁的萨埵太子本生壁画	交脚弥勒像
		第257窟前部人字坡顶，后部中心塔柱	九色鹿本生连环画	
		第259窟前部人字坡顶，后部平棋顶		禅定佛彩塑、二佛并坐

（续表）

时期	主要特点	代表洞窟号	壁画	雕塑
西魏 535—557年	壁画：仍用西域晕染法，但风格较北魏为之一变。从北魏深色底变成了白色底，主体颜色多为蓝色和红色，鲜亮明快；内容上出现伏羲、女娲、西王母、雷公等中国神话传说形象，且人物服饰更接近中原；第285窟五百强盗成佛故事中甚至出现了中国山水画的元素。题记：第285窟北壁说法图下的供养人画像上有墨书题记"大代大魏大统四年"即公元538年，为莫高窟最早有明确纪年的洞窟。主要洞窟：第247、249、285、286、288、432、461窟。	第249窟 覆斗形窟	北坡狩猎图、飞天	
		第285窟 覆斗形窟	北壁的供养人、五百强盗成佛图、窟顶乐技、东壁的说法图等	禅僧彩塑
北周 557—581年	壁画：以蓝色和红色为主色调，并进一步融入中原文化因素。以连环画的形式描绘本生故事被大量运用。除了宣扬孝道之外，更宣扬乐道、择殷等古代竞技的社会影响的结果。第296窟出现了商旅图，这些反映了当时的社会生活。第290窟出现了射箭、择殷等古代竞技的场面；是中国传统文化影响的结果。第296窟出现了商旅图，这些反映了当时的社会生活。代表窟：第428窟是敦煌早期最大的中心塔柱窟，北壁说法图、降魔变；西壁金刚宝座塔、涅槃变、二佛并坐；南壁说法图、卢舍那佛；东壁萨埵太子舍身饲虎故事、供养人像有一千多身，是敦煌石窟中供养人最多的洞窟。主要洞窟：第250、290、291、294、296、297、298、299、301、428、430、438、439、440、442窟。	第290窟 前部人字坡顶、后部中心塔柱	壁画中的古代竞技场面	
		第296窟 覆斗形窟	善事太子入海求珠、须阇提本生连环画	
		第299窟 方形窟	睒子本生连环画	
		第428窟 前部人字坡顶、后部中心塔柱	说法图、萨埵太子舍身饲虎图	中心塔柱的佛、菩萨、弟子塑像

第四篇　敦煌石窟的艺术殿堂 · 91

（续表）

时期	主要特点	代表洞窟窟号	壁画	雕塑
隋代 581—618 年	背景：隋代在中国历史上具有划时代的意义，隋代37年间共开石窟七十余座，莫高窟中也可见一斑。隋代型、覆斗型、方形窟布局也逐渐丰富。中心塔柱、覆斗窟各有代表，雕塑开窟与布局特点：融入了中原的菩萨线条流畅，神态优美（如第276窟西壁菩萨）；有的场景条布壁画：色彩浓艳如同油画（如第420窟顶法华经变），有的局缜密、枝花卉如同油画（如第420窟顶法华经变），壁画内容从本生故事转向经变画，出现了"阿弥陀经变"、"药师经变"、"弥勒上生经"、"维摩诘经变"、"法华经变"等，虽然结构简单自由，但这些探索为唐代经变画积累了丰富经验。雕塑：具备了一佛二菩萨二弟子的布局，出现大型天王像，高大的三世佛立像，塑造了阿难和迦叶等形象，风格浑圆敦厚，神态庄严。	第276窟 覆斗形窟	西壁菩萨	
		第303窟 中心塔柱		莲花般精美的中心塔柱
		第401窟 覆斗形窟	精美的菩萨	
		第407窟 覆斗形窟	莲花三兔藻井	
		第419窟 前部人字坡顶，后部平顶窟	佛龛中的飞天、莲花	一佛二菩萨二弟子雕塑、龛侧雕龙装饰
		第420窟 覆斗形窟	法华经变	
		第427窟 中心塔柱		三组精美塑像

(续表)

时期	主要特点	代表洞窟号	壁画	雕塑
初唐 619—704年	背景：自640年高昌平定，丝路再次打通，丝路重镇敦煌日趋繁荣；武周时期的佛教造像更是规模空前。 窟形：初唐石窟形制以殿堂式为主，主室多呈方形覆斗顶。而第232、448窟仍为中心柱式，可能为北魏石窟翻建。 壁画：随着洞窟形制改变，本生故事连环画已不能适合大块墙面，充分体现故事情节放在经变画两侧及底部的次要位置。这些经变画通常分为三部分：最上面为须弥山、建筑群等远景；中间为说法场面；下面为莲池、平台及歌舞场面。画面安排有序，乐伎形象，符合透视效果。同时画面中大量出现了婆态优美的飞天，为古建筑代营研究提供了重要资料；而歌舞场面已逐步定型，为研究唐代舞蹈提供了帮助。壁画中人物已逐步定型，第220窟的美女菩萨体现出鲜明的女性特征；第57窟的美女菩萨相似，逐渐改变了隋代雕塑"浑圆敦厚，神态庄严"的特点，逐步向真实化转变。	第57窟（特窟）覆斗形窟	美女菩萨	
		第96窟大像窟（九层楼）		弥勒造像（北大佛）高35米，我国第三大佛
		第220窟覆斗形窟	阿弥陀经变，帝王图，维摩诘，西域各国人物	
		第320窟覆斗形窟	说法图上飞天，团花藻井	
		第322窟覆斗形窟	张骞出使西域图	佛、菩萨雕塑
		第328窟覆斗形窟	乘象入胎，夜半逾城本生故事	佛、菩萨雕塑
		第329窟覆斗形窟	弥勒经变，藻井	

（续表）

时期	主要特点	代表洞窟号	壁画	雕塑
盛唐 704—781年	背景：盛唐是民族文化融合的鼎盛时期，莫高窟开凿洞窟近百个，洞窟气势恢宏，壁画和雕塑艺术上登峰造极。窟形：洞窟也多以西壁（正面）开龛的方形窟和覆斗型洞窟为主。壁画：经变画上令人瞩目，第172窟北壁的观无量寿经变以恢宏的场面表现出西方极乐世界的净土。而第103窟、第217窟南壁法华经变画中的山水画体现了唐代青绿山水和堆粉沥金经变化城喻品中的山水画风格；第103窟的维摩诘形象鲜明，线条技法达精湛；北壁画琼楼玉宇为研究唐代古建筑群提供了珍贵资料，壁画上出现了飞天穹楼的场面，极具艺术效果；第45窟北壁宝树观，第23窟耕作图等壁画对于反映唐代社会生活和服饰方面提供了珍贵资料。敦煌盛唐的飞天异常精美，第39窟、第172窟的飞天达到了艺术巅峰。雕塑：第130窟高26米的南大像，第148窟长14.5米的卧佛，第45窟神情娴雅、姿态优美的菩萨彩塑最为可观。	第45窟（特窟）方形窟	观无量寿经变	美女菩萨
		第103窟方形窟	法华经变、维摩诘形象	
		第130窟大像窟		南大像
		第148窟涅槃窟	弥勒经变	卧佛
		第172窟方形窟	观无量寿经变	
		第194窟覆斗形窟		菩萨、天王雕塑
		第217窟（特窟）方形窟	法华经变、西方净土变	
		第445窟方形窟	弥勒经变、婚庆场面	

94 · 万里千年——丝路手记

（续表）

时期	主要特点	代表洞窟号	壁画	雕塑
中唐 781—848	背景：敦煌中唐时期为吐蕃控制，雕塑和壁画相应融入了吐蕃的民族风格。中唐诸窟较之初唐、盛唐都少，但不乏精彩。 壁画：第112窟壁画中观无量寿经变中的反弹琵琶成为敦煌壁画中的又一标志。 壁画：第158窟的涅槃卧佛神态安详，第194窟的雕塑服饰、发譬等装束带有吐蕃风情。	第112窟 覆斗形窟	观无量寿经变的反弹琵琶	涅槃卧佛
		第158窟 涅槃窟	伤痛欲绝的弟子和信徒	
		第159窟 覆斗形窟	文殊变、普贤变	
		第194窟 覆斗形窟		带有吐蕃风情的雕塑
晚唐 848—907年	背景：自848年张议潮控制瓜、沙二州，唐朝授归义军节度使之后，敦煌再一次复兴，大量洞窟再次出现了壮阔局面。 窟形：晚唐的洞窟形制仍然以覆斗顶、殿堂窟为主，有的西壁不开龛而设置佛坛。 壁画：以第156窟的张议潮统军出行图和宋国夫人出行图、第17窟（藏经洞）的近侍女、第196窟壁画劳度叉圣变为代表。这些壁画依旧以青绿的色调为主。 雕塑：以第17窟（藏经洞）洪辩像、第196窟彩塑菩萨为代表。洪辩像面部饱满，额角和颧骨轮廓繁朗，额部和眼角有皱纹，眉头略蹙，却带着得道高僧的神秘微笑。目光含蓄有神，	第12窟 覆斗形顶殿堂窟	经变画、作战图、婚庆图	
		第16窟 覆斗形窟、中心设佛坛		佛、菩萨塑像
		第17窟 耳室、禅窟	近侍女	洪辩像
		第156窟 方形平顶窟	张议潮统军出行和宋国夫人出行图	
		第196窟 覆斗形窟	劳度叉圣变	精美的菩萨像

（续表）

时期	主要特点	代表洞窟号	壁画	壁塑
五代 907—959年	背景：五代的曹议金家族统治时期，河西一带的统治集团都信奉佛法。第98窟曹议金的亲家于阗王供养人像成为敦煌壁画中人物题材的又一亮点。规模颇大的第146窟、第98窟、第61窟的诸多壁画非常精彩。第61窟的五台山图描绘出了五台山的朝圣之路，让梁思成和林徽因按图索骥发现了"大佛光之寺"，这座现存最大的唐代遗构。	第61窟 覆斗形窟	曹氏家眷及回鹘公主、五台山图	
		第98窟 覆斗形窟	于阗王像、四壁角天王	
		第146窟 覆斗形窟	劳度叉斗圣变	
宋代、西夏、元代及以后	背景：宋代统治敦煌期间很短，随后西夏统治了敦煌，并多在原有洞窟中重修改造。这一时期的壁画承袭唐代，也融入了党项族的审美元素，喜欢用石绿等冷色调。莫代的壁画虽融人了密宗的特点。莫高窟在明代逐渐落寞，清代虽新有香火但没有建树。代表窟：宋代第55窟规模较大。西夏第409窟人物的服饰和表束都带有党项族的风韵，也有人考证与柏孜克里克回鹘的特点。元代第465窟有密宗欢喜佛像，元代第3窟的千手千眼观音像，也成为敦煌的标志之一。	第55窟 覆斗形窟、中心设佛坛	四壁角天王	佛、菩萨、弟子、天王塑像
		第409窟人字坡顶，后部平顶窟	西夏供养人像	
		第3窟	千手千眼观音像	
		第465窟（特窟）覆斗形窟	欢喜佛	

壁画与雕塑的风格是渐变的，因此划分也是相对的。上表中各个时期的起止年代的划分，是参考敦煌受当地统治的起止年代，而不是各个朝代的起止年代。例如北凉和北魏并存了几十年，北魏政权建立时，敦煌有一段时间还是北凉统治；当吐蕃占领敦煌之后划分为中唐时期，而不是以安史之乱划分；张义潮归唐之后则划分为晚唐时期。

莫高窟，伤心文书"莫高哭"

敦煌莫高窟发现的文书让人欣喜更让人伤心。这还要从上个世纪的第一个年头说起。

光绪二十六年（1900年），居住在莫高窟下寺的湖北麻城道士王圆禄在今天的第16窟清除甬道积沙时发现了一个耳室，里面堆满了数不清的文书、经幡等古物，这就是今天的第17窟——藏经洞。

据说藏经洞珍藏有公元359年—1002年，跨越了十六国、北魏、隋、唐、五代、北宋等朝代，六百多年间包括宗教、历史、文学、艺术、地方志、社会生活等方面的重要文献资料五万余件，其中不少是孤本。文字种类除大量的汉文外，还有为数可观的吐蕃文、回鹘文、突厥文、于阗文、叙利亚文和少量的佉卢文、梵文、粟特文等十余种文字。

从洞中出土的文书最晚写于北宋，且不见西夏文字，可以大致推断藏经洞是公元11世纪莫高窟的僧人们为躲避西夏军队，在准备逃难时封闭的。文书被放入洞窟后，僧人们还将洞口封住，在墙上绘制壁画。于是这些文书就在藏经洞中尘封了九百年。

话说王圆禄发现了这些文书，也觉得是一件大事，便挑了几样求见敦煌县令和肃州道台。但是两人都未引起重视，特别是肃州道台看了一眼经卷，感觉上面的字还没有自己的好，把王圆禄臭骂一顿。可是王圆禄不死心，两年后敦煌的新知县汪宗瀚到任，王圆禄再次献宝。进士出身的汪宗瀚立刻意识到这是一个很有价值的发现，到现场视察之后取走了一批文书向甘肃学政（一省的文化教育长官）叶昌炽汇报。翰林出身的叶昌炽是著名的金石学家，著有《语石》等金石著作。他认为这些经卷是无价之宝，要求立即运往兰州。但是由于缺少五千两白银的运费，最后只是"检点经卷，就地保存"的一纸空文。

但是敦煌莫高窟发现大量古代文书的消息不胫而走。英国的探险大盗斯坦因对于当时的古城、佛寺、古墓的遗址有着狗一样的嗅觉。他来到莫高窟后装成玄奘的信徒骗取了王圆禄的信任，1907年和1914年两次共取走了万余卷敦煌文书和五百余幅经幡丝绸画。1908年法国的伯希和来到敦煌。按照这位法国最优秀的汉学家自己所说，他以"高速火车"的速度，每天过目一千多卷，用三个星期过目了所有的文书后，挑选了近七千件文书。所有的非汉字文书，以及汉字文书中最有代表性的部分被他带走。日本的橘瑞超、吉川小一郎，俄国的鄂登堡，也先后来到敦煌劫走了

左边的黑白照片为斯坦因拍摄的藏经洞，图片来自"数字丝路"网站（http://dsr.nii.ac.jp）

右边的黑白照片为伯希和在藏经洞翻阅经卷文书，图片来自"数字丝路"网站（http://dsr.nii.ac.jp）

大批文书。他们只用了几百两银子给王圆禄修建寺观，就骗取了这些无价之宝。如今流失的敦煌文书分藏于伦敦、巴黎、彼得格勒、京都、柏林等地。

有一张伯希和在藏经洞的照片，伯希和蹲在足有一人高的经卷前，用微弱的烛光浏览经卷。照片中的墙壁上有菩提树，却没有洪辩像。想必这个藏经洞原来是洪辩的禅窟，后来人们塑了洪辩肉身像放在窟中；也许在藏经书时为了获取足够的空间，洪辩像被请出了洞窟。而窟中的碑刻揭示了洞窟本来的作用，洪辩像才归于原位。

窟中如梦，梦里飞天

敦煌飞天已经成为了一个民族标志。从小时候看到茅台、洋河的商标图案，到后来了解飞天来自遥远的敦煌，再到今天知道飞天起源于印度，而中国的飞天不仅仅在敦煌，天水麦积山、大同云冈、洛阳龙门等石窟也都有飞天。

飞天的形象或许来自诸天中的乾闼婆与紧那罗，在印度的雕塑中飞天大多是成对出现。乾闼婆为帝释天中的乐神，凡绘有飞天场面的多也有乐伎的形象。在印度的一些神话中，乾闼婆并不是一个神，而是一个神族。而紧那罗又成为人头鸟身的形象。广义上的飞天，是可以在天空中自由飞翔的诸天神灵。

飞天形象自印度传来后，在中国不断发展变化，从北朝时的动感阳刚、衣饰简单、形象笨拙，逐步到唐代的美艳动人、衣带翩翩、婀娜多姿。

飞天最先出现在敦煌莫高窟第272窟（北凉）中，在第257窟（北魏）中出现了典型的对称双飞天。飞天最早出现在佛龛上部的两侧，或者在天花和藻井之上，体现出一派欢乐祥和的佛国气氛。最初的飞天受到印度的影响，比较朴实笨拙，衣服也比较简单，甚至露出了脚趾，这个时期的飞天通常是用一根飘扬的丝带和身体的姿态表明其飞天的身份。在早期飞天中几乎看不到性别差异，而在新疆克孜尔千佛洞甚至出现了肌肉分明的男性飞天。

西魏诸窟飞天和乐伎的形象开始融合，第285窟（西魏）弹奏箜篌与琵琶的飞天乐伎们展现出一幅美丽动人的画卷。特别是中国的水彩绘画技法，让飞天的形象更加绚丽多彩。

隋代诸窟飞天的形象更加丰富，正面、侧面等造型变化和各种飞天组合丰富多彩，大部分飞天姿态优美，体现出女性化特征。

到了唐代飞天的姿态更加婀娜多姿，衣饰与丝带也愈发灵动舒展，服饰艳丽、色彩绚烂，其身边多用云彩、花卉等装饰，而飞天之美女形象也愈发明显，飞天艺术也逐步到达了巅峰。

我们看到了第320窟说法图中的两对飞天，以及几处藻井上的飞天形象，飘动的精灵恍惚如同梦中一样。

先辞故人，再别春风

敦煌是汉武帝设置河西四郡中最西边的一个郡。当时这里控制着丝路南北两线：西出汉代玉门关穿过戈壁至车师，再沿着天山南麓经焉耆、龟兹、姑墨为北线；而西出阳关过罗布泊至楼兰，沿着昆仑山北麓经于阗、莎车为南线。到唐代随着天山北麓开辟了更易行走的北线草原道，玉门关也迁到了瓜州境内，汉代的北线改称中线。即使如此，敦煌在唐开元年间也有人口六千多户，超过了当时的张掖。

从敦煌西行走访白马塔、西千佛洞、阳关、汉代玉门关、汉长城等遗迹。

白马塔是一座覆钵式塔，传说鸠摩罗什的白马死后埋于此。

想象着战火纷争的十六国时期，前秦的一支西征军在吕光的带领下一路披靡，降焉耆、破龟兹，将龟兹声名显赫的高僧鸠摩罗什带到了中原。带着国破家亡的忧伤，一路上这位高僧只有与白马相伴。这匹离开故土的白马，在驮着鸠摩罗什从龟兹启程，穿越罗布泊到达这里后自己却倒下了，确实让人心生怜惜。

党河边浓荫下的西千佛洞只有五个洞窟可以参观，其中几个是西魏时期开凿的，飞天有西域晕染法的特点。最后一个窟的唐代说法图也很漂亮，只是后来有人在窟中生火做饭被烟熏黑了一块，甚是可惜。纵观西千佛洞的洞窟规模都不大，只看到了一个中心塔柱式窟，几个洞窟保存得都不是很好，但是那零星的图案和残留未褪的色彩仍让人沉醉。

南湖乡龙勒村的阳关遗址只剩下了一座突兀的烽燧。远处是无垠的戈壁，中间有一片低洼地，那或许是西向楼兰的古董滩。想着古代的僧侣商队就是从这里走向罗布泊中神秘的楼兰古国。《法显传》中记载罗布沙漠"沙河中多有恶鬼热风，遇者皆死，无一全者，上无飞鸟，下无走兽，遍望极目，欲求度处，则莫知所拟，惟以死人枯骨为标识"。想着古代的将领兵士就是从这里投

身茫茫的沙漠与戈壁之间。"弱水应无地,阳关已近天。今君渡沙碛,累月断人烟。"从这里出去,将没有故人。临别我们再望了一眼高耸的烽燧,让它再替我们将这湮灭的关城永远地凝望。

从阳关遗址经过二墩村,穿行几十公里的戈壁后,前方熟悉的方形城池挺拔地立在沙岗之上。被称为"小方盘城"的汉代玉门关,现在留下的周垣不过百米。千年的风沙将原来的墙体一层层剥落,墙垣露出了密密的红柳枝。但是这里是一处古往今来无法磨灭的象征,从西汉以来黄沙穿甲的鏖战,到班超晚年"但求生入"的期盼,再到唐代诗人孤城遥望的千古梦幻。

关外的低洼处是几近干涸的疏勒河故道。沿着河道向东北追溯十几公里,有被称为"大方盘城"的河仓城,那里曾是玉门关一带的军需仓库。

断断续续连着玉门关的一段夯土城垣异常沧桑,这是汉代的长城遗迹。层层夯土风化分明,每一层夯土中间露出了整齐的红柳枝,如同深深的皱纹在刻画着岁月的痕迹。城垣边上还有一丛丛的积薪,我们不敢相信这竟然是千年之前留下的遗迹,而我们毫不怀疑那积薪还能被立刻点燃。汉长城的遗迹伸向戈壁深处,再通过烽燧可以延伸到哈密及吐鲁番,沿途就是传说中的大海道。

戈壁为海,沙碛为道,春风不度的玉门关,我们今天终于度了。

魔鬼城中多魑魅,落日风沙起狼嚎

从汉代玉门关向敦煌雅丹进发。进入景区不远见到了"金狮迎宾",一只可爱的小狮子站在公路边,双手抱拳,憨态可掬。随后经过"天坛"和"狮身人面像",一个个雅丹千奇百怪地叠放在戈壁上。

车越往雅丹深处景观越精彩。沐浴着夕阳的"金孔雀"骄傲地挺着胸膛,展示着身上耀眼的万丈光芒。

"舰队出海"展现了黑戈壁上的黄雅丹,如同黑海舰队的千艘舰船整齐有序地朝一个方向驶来,场面宏大壮观。

这时风愈来愈大,漫天的飞沙走石打在身上都觉得痛。眼看太阳就要坠入戈壁,我们飞也似地向南区行驶。风大到开车门都很困难,我们艰难下车,终于看到了落日下的"外星人"雅丹。

风沙满天,连夕阳的色调都显得苍凉。霞光魅影伴着风中夹杂的鬼哭狼嚎,又像是千军万马的激烈厮杀。我们无法抑制这感受奇景的兴奋,直到最后天色完全暗下来,才依依不舍地离开了昏天黑地、飞沙走石的雅丹。

夜晚的戈壁再次回归静谧,银河两岸绚烂的星空让人着迷。环绕着我们的星星让人疑心是萤火虫飞上了天。刚才经历的鬼哭狼嚎、飞沙走石都恍如隔世。

苍茫大海道，戈壁落日圆

大海道是西汉以来敦煌与吐鲁番之间的一条交通要道，须穿过如海的茫茫戈壁。这条道在唐代以后逐渐废弃。敦煌藏经洞中发现的《西州图经》残卷中记载：大海道从柳中县（今吐鲁番地区鄯善县鲁克沁镇）向东南行一千三百六十里到敦煌，一路常遇到流沙，人行容易迷误；路上虽然有泉井，但是很咸很苦；一路无草，行人需要背着水挑着粮食，踏着沙石，行走非常艰难。《元和郡县图志》中记载"大沙海，在（柳中）县东九十里。"柳中城在高昌故城东偏南五十里，曾为东汉西域长史府所在地。

从敦煌到柳园一路虽然仍是戈壁，但是并不单调。红柳和骆驼刺点缀着戈壁，柳园或许就因红柳成园而得名吧。东边再次出现了安西风口阵列的风车，偶尔经过的绿洲也让我们眼前一亮，

104 · 万里千年——丝路手记

路边的地里躺着成片的蜜瓜。从柳园乘火车前往哈密,火车晚点让人郁闷。因为这趟火车是在傍晚发车,我们想在天黑之前多看看这块戈壁。因为这不是普通的戈壁,这是丝路北线进入西域的主要路线。可能会有烽燧分布其间,印证着烽火连天的岁月。

因为这不是普通的戈壁,从瓜州到哈密,正是玄奘当年走过的最艰苦的道路。因为失手将皮囊的水打翻,他又立下了"不到天竺绝不往回走一步"的誓言,他就在沙漠中牵着马只身向前,最后累倒在沙漠中。直到夜晚的凉风将之吹醒,他继续西行,在老马的指引下找到了泉水。

因为这不是普通的戈壁,这里是斯坦因、伯希和等人从新疆进入敦煌的大海道。他们从这里进入敦煌,一路带走了无数文物。

只是火车线与公路线相距二十公里左右,与敦煌到哈密驿道上重要的驿站星星峡相距三十多公里。但在一望无际的戈壁上这并不算遥远。

火车开出去不久,太阳就坠到了地平线。戈壁日落流光溢彩、堪称惊艳。湛蓝的天空带着金黄的霞光,我们再一次激动起来。到火车经过大泉时天色已黯淡了,我们仍然意犹未尽,在这漫漫戈壁中看着窗外漆黑的夜。火车停靠了红柳河、山口、烟墩、盐泉几处小站。

此时我已经完全忘记了对沿途治安的担忧,看着这些地名想象着大海道的戈壁景象,情不自禁写下了《夜自柳园至哈密》:戈壁残阳大海道,云霞燃尽海边天。车行日暮游丝迹,魂绕风烟度玉关。峡底星芒映弱柳,墩前月晕泻盐泉。古来过此轻生入,再向伊吾快着鞭。

第五编

丝路北线的脉脉草原

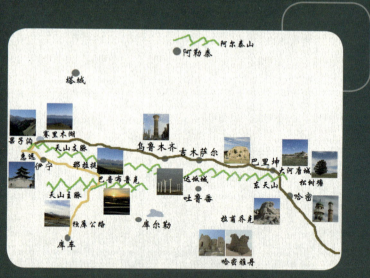

　　沿着戈壁来到伊吾古国哈密,听着欢快醉人的木卡姆,吃着香甜如蜜的哈密瓜。五堡出产的大枣和葡萄让我们告别了干渴与炎热,精力充沛地在戈壁流沙间徒步穿梭,探索风雨侵蚀下鬼斧神工的雅丹魔鬼城。

　　翻越东天山来到了天山以北的草原道。早在张骞凿空西域之前,这条草原道就联系着中原与西域。天山驿道焕彩沟中还有汉唐以来的摩崖题刻,山顶的天山庙里陈列的唐碑还记载着当年侯君集袭破高昌的功绩。松树塘雪山皑皑、松林郁郁,那里有清代洪亮吉、林则徐等文人边疆谪放而留下的豪迈歌唱。

　　巴里坤草原既有千里广阔的草场,也有万顷屯田的粮仓。一路排开的烽燧连着大河唐城与北庭都护的心脏。我们在巴里坤湖边的草原上,靠着哈萨克的毡房,送走晚霞夕阳,又将草原上第一缕的曙光眺望。

乌鲁木齐不夜的灯火让人眩晕，但我们清楚下一站的方向，就在醉人的赛里木湖畔。向西经过唐代的轮台戍，再贴着天山北麓的广袤棉田，八百里行程后在天使眼泪般的赛里木湖畔信马由缰。日落日出穿过高山草甸，赏着杉林翠墨如画、郁郁苍苍。

沿着丝路要道果子沟来到伊犁将军府的所在地惠远城，在这里将谪戍的名臣探望。傍晚来到伊犁，穿过了满是维吾尔族人与哈萨克人的汉人街，再赶到伊犁河畔，看着一轮红日一点点沉入地平线下，再把头顶的云霞点燃，大雁在天空阵列飞翔。

中秋之夜的那拉提月明当空，照着我们的哈萨克毡房。次日徒步翻过高山草甸，对望雪山纤云在天空中浮动、俯视溪流在草原上交织、毡房与牦牛在草甸间点缀，空中草原编织着梦境般的天堂。广袤的巴音布鲁克大草原上，我们于天鹅湖畔欣赏天鹅的自由舞曲，在九曲十八弯将长河落日的瞬息光影守望。

沿着独库公路再次翻越天山，朝着绵延数百里的天山雪峰，贴着广袤无边的草原，迎来的是发源于天山悠悠扬扬的开都河。沿途的牛羊马儿自在地吃草饮水，羡慕它们在这样的牧场生息。而我们也不知不觉投入天山的怀抱，看着天山千年的冰川融水聚成的蜿蜒河谷，划过的是清澈幽蓝如梦的水光。

皑皑的雪山融化成碧透的溪流，汇聚成海蓝的湖泊，滋润着广袤的草原，养育着成群的牛羊马儿，孕育了多民族的游牧人。

哈密：
踏上西域第一国

踏上新疆，访古哈密

　　哈密古称伊吾，是丝路北线的咽喉重镇，有"西域门户"之称。从瓜州向西穿过茫茫戈壁来到这里后，既可以翻越东天山到达天山北麓的巴里坤草原，也可以继续向西进入吐鲁番盆地。《太平寰宇记》中记载唐天宝年间伊州有人口三千四百余户。《读史方舆纪要》中记载明代西域各国入贡，都要在哈密翻译文书后才能入关。

　　哈密回王陵位于城南，埋葬着清朝册封的历代哈密郡王。因为维吾尔族的先民在唐宋时期被称为回纥或回鹘，所以当时维吾尔族的郡王也被称为回王。历代回王都与清廷保持着臣属关系，在协助清朝攻打噶尔丹和大小和卓时都立下战功。

　　哈密回王陵中既有伊斯兰风格的穹庐顶，也有中原风格的木构阁楼。这里是第六到九代回王、王妃以及太子的麻扎（伊斯兰教圣裔或知名贤者的坟墓）。维吾尔族的贵族麻扎边都有一座清真寺，这里也不例外。这座清真寺内部有108根红木柱，四壁伊斯兰风格的彩绘图案簇拥着庄严肃穆的《古兰经》文字。

　　回王陵对面的哈密博物馆虽然不大，但陈列了自新石器时代哈密地区出土的陶器、五堡出土的干尸与棉毛织物，及汉代前后充满游牧民族特点的青铜器。双耳彩陶罐等陶器在器型和纹饰上有甘肃地区影响的痕迹。三千年前的干尸多具有高加索人种的特征。一面带有鲜明草原特色与中原冶炼技术的羊形柄铜镜成为镇馆之宝。从陈列的早期文物可以发现,早在张骞出使西域之前,这里与中原的交流就已经开始了。

与这里相去不远有一座唐代伊斯兰教圣人的麻扎——盖斯墓。相传贞观年间盖斯来中国传教,回国途中殁于星星峡,在近代盖斯墓迁到这里。一座拱式圆顶、四周回廊的建筑物中,圣人的麻扎被来自各地拜谒的信徒带来的丝绸锦帐覆盖着。即使不是信徒,看到这样庄严的麻扎也会肃然起敬。

猝不及防邂逅木卡姆

木卡姆是西域特有的民族音乐。传说公元16世纪叶尔羌汗国王妃阿曼尼莎罕对民间的木卡姆音乐进行了收集整理,使木卡姆音乐稳定传承下来。

博物馆边上的木卡姆演艺厅是一座充满异域情调的圆形殿堂,两边立柱被修饰成西域乐器的造型,与广场上的木卡姆演奏雕塑彼此呼应,这一切都优美轻快。

我们知道西域有十二木卡姆的乐章,也在图片上看到木卡姆演奏时的盛大场面,一群长胡子老爷爷坐成一排,演奏着各种从未见过的西域乐器。只是不知道木卡姆演奏出来的音乐,是怎样的天籁之音呢?

才走到演艺厅门口,楼上就传来了美妙的音乐。那声音顿挫、悠扬、婉转、欢畅,原来这就是木卡姆之声。

演艺厅里上演的是维吾尔男孩上门提亲的场面。老父亲接受了男孩的提亲后,演奏到了最欢快的时刻。坐着的老父亲竟然起身随着欢快的音乐跳起了优美的舞步,那举手投足无不合拍合

律,当舞曲接近尾声时,坐在观众席前排的维吾尔族木卡姆迷竟然站起身随着音乐击着节拍跟着跳了起来,这让我们也情不自禁踩着节拍摇头晃脑。

接着便是介绍木卡姆的乐器,乐手们依次登场演奏。长长的萨塔尔、宽宽的都塔尔、精巧的胡西塔尔、别致的热瓦普、颇似二胡的艾捷克,每一件的声音都是那么悦耳。特别是像鼓一样的达普,敲击出了动感十足的节奏。

最后上演的是一场维吾尔娶亲闹剧。维吾尔姑娘欢快地起舞,新郎官得意洋洋的神情充满了诙谐。最后新郎官掀开盖头,看到的竟然是一个长胡子老人,新郎官当场晕倒,大家捧腹大笑。或许这长胡子老人不是别人,正是他的老丈人吧。

烈日当空,鬼蜮徒步

《太平寰宇记》中记载哈密的沙碛"内时闻笑语歌哭之声,审之即不见人物,盖鬼类也。"

在哈密的西南郊,我们去雅丹魔鬼城的路上见到了枣园和葡萄园。绵延的东天山积雪皑皑,戈壁上修建坎儿井留下的土坑从远到近一字排开。这些果园靠着天山融雪的滋润,才有了甘甜的味道。

穿过戈壁来到四堡乡,这座热闹的小集镇边有一座古城遗迹,名叫拉甫乔克古城。我们到乡政府打听古城的方位,没想到一位工作人员主动陪我们前去。从镇上向西走了一公里,远远看到前面的民舍靠着颓败的城垣。踏过一条细细蜿蜒的河流,拉甫乔克古城到了。

站在角墩之上看整个古城,城垣的遗迹依稀可辨,四角都有高大的角墩。古城中凹凸的黄土堆是当年房屋的遗迹。这里曾经是汉朝宜禾都尉的治所,唐代的纳职县城。这一带正是汉唐在西域的屯田之所,即使是现在也以大枣和葡萄让当地人过上了富裕的生活。

路边的枣树结满了红彤彤的大枣子。临别,四堡乡的工作人员从树上摘了一捧新鲜的大枣,热情地送到我们面前。大枣的香脆甜美始料未及,没想到这样酷热的戈壁之中,竟然有如此甜蜜的佳果。

过了五堡乡,雅丹景区大门边的陈列馆中展出了五堡古墓出土的干尸及毡帽、衣服等棉毛织物。这些遗迹都是三四千年前留下的。这些干尸的体貌和随葬品与罗布泊的小河墓葬非常相似,可以推断这里的先民也是高加索人。

进入景区,迎接我们的是一只"探海神龟"。神龟惟妙惟肖,正向广袤的戈壁海中探着脑袋。接着是"双头马",一块雅丹风化成了颈部相连、马首相背的奇妙景观。马首形态优雅、妙趣横生,让我们忍不住深入戈壁去看马儿另一边的模样。

进入景区中心,一块戈壁海中的雅丹犹如一艘巨舰向我们驶来,带起滚滚流沙犹如巨舰激起的波浪。巨舰的右舷上藏着艾斯克霞尔古堡。我们踏着流沙登到了巨舰之上,俯瞰古堡只剩下几堵斑驳的围墙,墙内侧有烟熏的痕迹,在阳光下诉说着岁月的过往。不知道当时这里的居民靠什么为生,或许几千年前附近还有泉水,可以打猎、养殖。但如今方圆所见再也没有绿色了。

　　南边一块怪石嶙峋的大雅丹犹如鬼蜮迷宫，我们在雅丹缝隙间的流沙里穿行。湛蓝的天空下悠悠的白云也随着多姿的雅丹一起变幻。戈壁上圆圆的白石头晶莹剔透，难道这里曾经有过河床？这真是三千年的沧桑巨变！

　　想着从哈密过来，依次经过的二堡、四堡、五堡，以及拉甫乔克古城，或许过去这里不仅有人类居住，更是处在哈密通往楼兰的要道上。望着远处一座座雅丹峥嵘矗立，真如魔鬼的城堡，仿佛冥冥之中大自然也不忍抹去这里曾经的辉煌。

五堡的葡萄大枣，哈密的瓜

《马可波罗行纪》中记载哈密盛产水果，居民就以此作为维持生存的食物。

　　久闻哈密的大枣，更知道哈密的大枣产在五堡。在四堡我们吃了工作人员从树上现摘的大枣，香、脆、甜一应俱全。一路都是密密麻麻的枣树，想买些五堡大枣却一直没有看到集贸市场，也没有看到有人在路边出售。最后只有直接到地里与当地农民商量，买一点儿解馋。

　　终于在路边看到一辆农用车，上面装满了葡萄，路边就有好

几棵枣树，挂着红红的大枣子。地里摘葡萄的农民大叔看我们过来二话不说，带着笑容递给我们一大串葡萄，好家伙，足有一斤。我们也顾不上洗，摘一颗抹一抹灰就往嘴里送，香甜无比，只知道五堡的大枣，今天才知道这里的葡萄也如此爽口！

农民大叔不会说汉语，但是大概听出了我们的来意，就带着我们往地里去。这里的葡萄比我们刚才吃的个头要大，看上去更加剔透。原来这里的葡萄有两个品种，先前吃的个头小、很甜且没有籽，是制作葡萄干用的；而现在看到的个头大一些，肚里有籽，味道是甜中稍微带一点酸，口感醇厚，更具回味，是正宗的马奶子。

我们说要买一些葡萄和大枣，农民大叔点点头看着我们，大概意思是问我们要多少。我们说买两斤葡萄、两斤枣，农民大叔困惑不解。倒是司机师傅提醒我们这里的重量单位都是公斤，内地的市斤不好用了。

回到哈密市区，我们又在工人市场买了一个四公斤的哈密瓜，抱着跟小猪一样，闻着皮就知道心里肯定甜。回去切开，果然如蜜一般。一天饱尝了哈密的甜蜜，真不知哈密的名字是谁起的，哈密哈密，乐哈哈，甜蜜蜜。

第五篇　丝路北线的脉脉草原

忘死松树塘，仰望天山庙

从哈密到巴里坤的老省道历史悠久，从汉代开始即为翻越东天山的交通要道，多少次征伐与突袭就从这条路上经过。这里留有汉代以来的摩崖题刻，更有一个漂亮的名字"焕彩沟"。从字面上看，焕发光彩的山谷，倒是能概括出东天山北麓松树成林、雪山绵延，在阳光的照耀下焕发出流光溢彩的画面。不过原先这里叫"棺材沟"，据说是因为一块大石头形似棺材而得名，直到清代才换了"焕彩沟"的谐音雅号。天山庙中存放着一块唐碑，记载了唐贞观十四年侯君集出征高昌的功绩。

从哈密到巴里坤的新省道开在老省道的东边，通过另一条山谷穿过天山。或许是这条山谷的坡度相对平缓，所以逐渐取代了老省道的地位。老省道年久失修，山体崩石没有清理，只有越野车才能通过。

我们计划沿着新省道翻过天山到达口门子。这里是新、老省道交汇处，也是去往巴里坤和伊吾县的路口，可以沿着老省道登上天山庙，同时去白石头和松树塘也不远。

天山南麓满是嶙峋的岩石崖壁，几乎看不到树木。穿行深邃的峡谷间，我们渐渐发现两边的草色如同春天渐渐到来一样，绿色越来越多。转过峡谷时眼前豁然出现了一片田园风光：排排绿树间点缀着农舍与毡房，近处青青的草甸随着溪流起伏，

穿着花衣的奶牛正悠闲地卧在草甸上享受着阳光，成对的马聚在溪边不慌不忙地饮水，山坡上成群的山羊吃着草儿蹦跳欢腾。翻过山脊，天山北麓满眼松林郁郁葱葱。

西伯利亚的气流让这里充满了绿色的生机，也带来了刺骨的寒意。高耸的天山阻隔了北方气流的南下，因此天山南麓就只有光秃秃的岩壁。看来一道天山隔南北，自然分出了两个季节，难怪回鹘高昌会将北庭设为夏都。

看到路标已经到了白石头景区，口门子也不远了。我们先拜访那块有着美丽传说的白石头，据说它是很久以前一对哈萨克恋人的化身。白石头并不大，但是有灵，让每一个置身于前的人都禁不住低头许愿。

松树塘的松林一眼望不到边际，一直连着天山千年的积雪。古人正是从这里翻越天山，而后沿着丝路北线前往伊犁，其中便有被谪戍伊犁的清代学者洪亮吉。他当时一定吟唱着"好奇狂客忽至此，大笑一呼忘九死。看峰前行马蹄驶，欲到青松尽头止。"

口门子是一个热闹的集镇，我们沿着老省道的方向朝天山顶上望去，几座古代的寺庙建筑立在山巅，我们一眼就认出了天山庙。想着庙中的唐碑，不禁吟起了古人的《天山歌》："上公陈国居第一，唐之班郑侯君集。文皇几不食熊蹯，青史堪追超与吉。"

虽说庙宇在望，但要登上天山看到石碑，往返就要二十公

第五篇　丝路北线的脉脉草原　•　117

里。此时日已西偏，想着已经看到了这条古代要道的入口及山形走势，我们最终只是在山脚徘徊。柔和的夕阳从松树林间照过来，回头一瞥是惊艳的雪山染着暖暖的色调。我们依偎在婆娑的松树下，看着通向远方的驿道，那厚厚的青苔尘封了多少古人足迹。

草原粮仓，大河唐城

巴里坤县城有两座城：汉城与满城。因为当时清廷驻军之需，在原先汉城的东边又筑起了一座满城。清朝很多战略重镇，大到州府小到县城，都因驻军需要将城一分为二或连筑两城。

由于天山融雪的滋润，巴里坤草原可以开辟出大片的良田。巴里坤县城东边的大河唐城曾是唐开元年间设置的伊吾军城，是北庭都护府的重要粮草供应点。《元和郡县图志》中记载伊吾军"管兵三千人，马三百匹。"

巴里坤的老民居集中在汉城北大街的巷内，一排排清代的木雕门楼体现了中原民居的风貌。在粮食局里有一座清代的粮仓，

还保留着当时储存粮草的仓库和仓神庙。看来至少从清代开始，这个院子一直是县城的粮食机关。

到大河唐城需要乘坐前往干渠的车，从"干渠"这个名字就知道当地还沿袭着汉唐屯田灌溉的传统。穿过巴里坤草原，开始是零星的几匹马在闲庭信步，接着草原上群马奔驰。转眼到了干渠，一条乡间小道引着我们走向两公里外的唐城。两边都是成片的麦田，田间有道道水渠和水闸。这片田地想必从唐朝延续至今，"巴里坤粮仓"果然名不虚传。

从西边的缺口触摸残破的唐城。整个唐城不过三百米见方，城墙四角都有角楼的遗迹。城内杂草荒芜，已经没有太多的建筑物遗迹，城墙的东北角也有一个缺口，那里可以看到东边还有一圈矮墙围成附城。可能当时主城用来存放粮草及军需物资，附城则供驻扎在这里的军士及家属居住。

一路回望千年的唐城在巍巍连绵的雪山旁，穹庐四野的蓝天下，我不禁又吟唱起来："草原屯田万年计，唐城雄踞天山北。北庭烽烟今已熄，干渠还流天山水。"

天山留古道，烽燧连北庭

北庭曾是车师后国之地，后为西突厥所据。当唐朝击败高昌和突厥之后，先后在高昌建立了安西都护府，管辖天山以南直至葱岭以西、阿姆河流域；在庭州设置北庭都护府，管辖天山以北包括阿尔泰山和巴尔喀什湖以西的广袤地区。《太平寰宇记》中记载唐天宝年间庭州有人口两千两百余户。

北庭都护府作为天山北麓的政治中心，其交通也四通八达：从北庭向西可达碎叶，向南可至安西都护府，向北可通回鹘，向东可达伊吾，并且还与一条通往蒙古高原的"漠北道"相连。

因为天山北麓气候适宜，哈密经巴里坤至乌鲁木齐的公路上载重货车络绎不绝。出巴里坤汉城西门一路向西，沿途的烽燧显示出当时这条路在交通与军事上的重要性。这条路可以一直把我们带到吉木萨尔县，那里是唐代的北庭都护府所在地。

当时北庭既有程千里、封常清这样的名将为都护，留下了传奇的风云故事；也有岑参这样的边塞诗人为判官，留下了不朽的诗篇。但是安史之乱后，唐王朝逐渐丧失了西域的控制权。这里再次成为西域各国纷争之地。直到高昌回鹘的兴起，北庭成为夏都，高昌回鹘的国王通过天山峡谷形成的"车师古道"随着季节的变化往返于高昌与北庭之间。

敦煌藏经洞中发现的《西州图经》残卷中记载的"他地道"，与《新唐书·地理志》"西州交河县"都记录了这条古道。宋朝的王延德在《使高昌行程记》中真实记录了他翻越车师古道的经历。

只是现在这条路还未通车，一直保留着《西州图经》所描述的"通庭州四百五十里，足水草，唯通人马"的状态，我们只有与之失之交臂了。

盐湖之畔，草原牧歌

巴里坤马头粗重、胸宽阔、腿短直，以爬山和走路见长，是哈萨克马和蒙古马在巴里坤草原上的混血儿。《太平寰宇记》中记载的庭州"地产骏马"，估计就产自巴里坤草原。

从巴里坤县城西行来到海子沿乡，远处的巴里坤湖白茫茫一片。那雪白的颜色并非冰冻，而是盐花。湖边是一片美丽的草场，散布着几座哈萨克毡房，一路有牛群羊群，还有不少壮实而腿短的巴里坤骏马。

不远处一座毡房有人进进出出,我们走上前去,原来这里正举行家庭聚会。不大的毡房里三代同堂,大家围坐成一圈亲切交谈着。看到我们大家都笑了,一个中年哈萨克人用熟练的汉语招呼我们进来。刚加入他们的大圈,一碗奶茶就递到了面前,热气腾腾的奶茶映着老奶奶慈祥的笑脸。这"盛宴"来得太过突然。除了奶茶,一块油布上还堆放着类似小面包的点心。正注视着点心,盛着酥油的小碗也放到了我们面前,身旁的哈萨克爷爷接着递过来一块点心,指了指酥油,只说:"吃!吃!"我举着点心问:"这个是什么呢?""保尔萨克!"大家异口同声。

这里的日落日出一定会异常美丽。我们问哈萨克爷爷是否允许我们在毡房边上搭帐篷露营,老人同意了。

巴里坤湖静默无语,夕阳照耀下,晶莹的盐花结晶如冰雪剔透,在蓝天白云与连绵雪山的映衬下闪闪发光,仿佛是一幅精美的油画。我们看着太阳一点点的落下山去,夕照将整个草场染得金黄,一群大雁鸣叫着向西飞去,仿佛在追逐太阳的脚步。

哈萨克牧民在天黑前要将自己的牛群羊群统统赶回圈中,老奶奶则来到每一头奶牛身后挤奶,挤奶的时候要先用绳子绑住牛的后腿,

第五篇 丝路北线的脉脉草原

牛儿才会乖乖地出奶。当晚毡房里还来了一位客人，他提走了满满的一桶牛奶，老奶奶则在她腰兜里的一大沓零钱中又加进了几张。据说这群牛羊并不是老人家的财产，他们帮人放养后挤奶卖钱，这是他们收入的主要来源。

清晨我们坐在帐篷里，拉开门帘裹着睡袋守着太阳的出现。东边的天空一点点变亮，呈现出绚烂的色调。眼看那点亮光越来越明显，云霞也越来越红。一群大雁鸣叫着向太阳飞去；昨晚它们没有追上太阳落山的脚步，在湖边修整一夜后便去迎接第一缕阳光。

太阳一点点爬上远处的矮山进入了我们的视线中，散发出佛光一样的绚丽色彩，再次将整个草原染成金黄。牛儿纷纷从地上爬起来，等着主人过来将他们放出圈外。羊群此时也不耐烦了，正咩咩叫着。而马儿此时已经在草原上自由驰骋了。

哈萨克爷爷骑着毛驴赶着羊群，然后招呼我们进入帐篷和他们共进早餐。老人昨天看见我们露营时用了头灯，当得知我们可以很快再买到后，便提出想买我们的头灯晚上看牲口。我们喝着香醇的奶茶，正想该如何感激好客的哈萨克老人，于是将头灯送给老人。就让这头灯留在巴里坤草原，让它替老人照看着牛羊，再替我们欣赏静谧的草原夜空。

　　老人告诉我们天凉了，他们要搬家了，这里是夏季牧场；而冬季牧场，老人有限的汉语不能告诉我们是在哪里。不远处一座毡房已经开始拆了，一趟趟的小卡车、摩托车，甚至是短腿的马儿，可都是搬家路上的好帮手。临走，老人拿出了两小块奶疙瘩给我们。奶疙瘩虽然酸酸的，我们吃不惯，但据说这是哈萨克牧民可以送给我们的最好礼物。

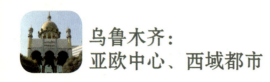

乌鲁木齐：
亚欧中心、西域都市

可惜楼兰美女出差了

新疆维吾尔自治区博物馆是一个了解新疆地区民族文化融合发展过程的窗口。对于无法寻访的塔克拉玛干沙漠深处的尼雅，以及罗布沙漠中的楼兰、小河等遗址，其出土文物有一些就静静地趟在这里。

在新疆历史和出土文物展览厅，首先吸引我们的是小河墓地出土的毡帽和棉毛织物。这座楼兰附近的墓葬，是3800年前当地人的合葬墓群。墓地上插了百余根木桨，木桨的外形只有两种，据说是象征阴阳两性。出土的干尸具有典型的高加索人种特征，与楼兰、哈密等处出土的三千年前的干尸类似。

切木尔切克石人及石棺属于匈奴、突厥等草原游牧民族。这些石雕昭示着北疆的草原文明。

尼雅出土的汉代织锦中，最著名的是"五星出东方利中国"，可惜馆中只看到照片。"中国"一词在古代是指国都的意思。唐代的丝绸残片也很精美，不少图案都有西域风情。

除了丝绸之外，文书也是新疆最具代表的文物。从古老的木质佉卢文书，到纸本的户籍、账本、书信、过所、写经之类，都展示着这里曾经的民族文化交流。

阿斯塔纳古墓群出土的陶器非常丰富，尤其是陶俑展示着当时的服饰与社会生活。陶俑既有完全穿唐装的贵族，也有身着胡服的异域商旅。一个方形的骑兵军阵似乎是在守卫着墓主人。还有那些兽首人身的十二生肖陶俑穿着文臣的宽袖长袍，两手规规矩矩地放在胸前。在这些陶器上中原与西域审美融合的特点随处可见。

　　干尸展厅主要为陈列"楼兰美女"而设。"楼兰美女"是迄今为止新疆出土古尸最早的一具,距今已有3800年。美女出土时肤色红褐富有弹性,眼大窝深,鼻梁高窄,下巴尖翘,头戴插翎尖顶毡帽,身着粗质毛织物和羊皮,足蹬粗线缝制的毛皮靴,侧置羊角、草篓。可是当我们刚刚进入展厅,就听到前面导游带着诙谐的语气说:"很遗憾,楼兰美女出差了。"

少数民族民俗展览馆中陈列了新疆十二个少数民族（维吾尔族、哈萨克族、回族、蒙古族、柯尔克孜族、锡伯族、塔吉克族、乌孜别克族、达斡尔族、满族、塔塔尔族和俄罗斯族）在服饰、起居、节庆娱乐、婚丧、礼仪、饮食、宗教上各具风姿的民情风俗。其中鲜卑族的后裔、世居呼伦贝尔大草原和嫩江流域的锡伯族，在清代被编入蒙古八旗。为巩固西北边防，一支锡伯族的部队带着家属迁往新疆。他们在伊犁河谷屯田定居，开拓了自己的第二故乡。

灯火不夜，览胜红山

红山是乌鲁木齐市区内的传统名胜，以西崖山体呈红色而得名。红山虽然不高，但其市区制高点的地位无法撼动。在西崖上有一座实心小宝塔。正是由于塔小，反而让人视觉上感觉山很高、塔很远。

夕阳西下，我们在西崖的亭中守望，天空从湛蓝变成幽蓝、再到墨蓝，最后完全黑下来，一弯新月斜挂在西山上。城市的灯火开始一片片点燃，路灯将整个城市贯穿，电视塔和摩天轮的霓虹绚烂夺目，耀眼的灯光也让人目不暇接。

相信当年清廷在乌鲁木齐设置迪化府的时候，不少重臣和名人都来此登临，在西崖看夕照、赏灯火。也许从古至今，丝路上诸多国家和众多的城市，随着千百年的岁月而巨变兴衰，但是这条路的使命至今仍未改变。这最接近亚欧大陆地理中心的都市，现在已是亚欧各国交流的重要枢纽站了。

二道桥的国际大巴扎

乌鲁木齐哪里最热闹？想都不用想，去二道桥国际大巴扎就对了。二道桥的热闹，不仅源于维吾尔族人的热闹生活，更因为这里是各地游客来疆旅游的必到之处。

刚下车，二道桥的熙熙攘攘迎面扑来。这里的人潮丝毫不输上海的闹市区。沿着街道全都是大大小小的店铺，满眼都是高鼻深目的维吾尔族人。

二道桥大巴扎的主体建筑充满浓浓的民族特色，有着伊斯兰建筑惯有的穹顶和尖塔，光鲜华美却不像宫殿般金碧辉煌，而是大家闺秀般庄重大气。这都得益于那一块块的耐火砖，黄中带灰，朴实而温暖的色泽展现了大巴扎关于传统与民族的一个梦。

大巴扎的内部却已经很像我们习惯的购物商场了。这里经营的主要是旅游商品，有维吾尔族风格的服装、帽子与首饰，羊毛地毯、西域乐器、英吉沙小刀、巴基斯坦铜壶、俄罗斯工艺的钢

镜、阿拉丁神灯与首饰盒等伊斯兰风格的锡制品,以及硕大的无花果干、新鲜美味的巴达木、香甜绵软的大红枣、缤纷色彩的各种葡萄干等干果。而大巴扎四周的街巷还保留有不少浓郁民族风的店铺与摊贩,以及手工皮鞋、金属器皿的作坊。

游在新疆,吃在乌市

乌鲁木齐正宗的维吾尔族餐厅集中在二道桥、龙泉街、天池路、和平南路一带。餐厅无论内外都装修得非常精致,充满伊斯兰特色。抓饭、烤肉、拌面是我们的最爱。我们选择餐厅的标准只有一个,哪里维吾尔族人多就往哪里钻。

和平南路前往大巴扎路上的一家"爱乐美食"让我们忍不住

驻足，这家餐厅有着漂亮的穹顶装饰，厅内还有一座精致的小喷泉。上玫瑰红茶后点菜，抓饭、烤肉、酸奶……在这里我们还尝试了红柳烤肉，这是用红柳枝将鲜嫩的羊肉串起来烤熟的传统工艺。烤肉重在肉的原味，而不是多放调料，我们品尝到烤肉里的肉汁味。

　　位于龙泉街街口的特拉快餐店采用深咖啡色的木条装饰，给人非常古典的感觉，乍一看还以为是一家咖啡店。只要一营业，店里就坐得满满当当，甚至还有人排队等座。我们也加入了排队的阵营。拌面刚入口我们就后悔点少了。面怎么可以那么劲道！料怎么可以这么香！接着抓饭上来了，味道也是一绝。第二天晚上我们再来，点了一份大盘羊就着拌面一起吃。可是好大的一盘羊肉我们哪里吃得完？等菜时我们和对面的维吾尔族小夫妻聊得火热，四个人如同聚餐一样分享了美食。

再说说维吾尔族人的主食——馕。西北路"阿布拉的馕"整天都在疯狂地排队。这里可以看到制作馕的全过程，包括发面、搓面、做饼、刷油、贴芝麻、初烤、刷油、烤熟。做饼的维吾尔族小伙子一边做饼，一边用搞怪的表情看着排队的人们。

新疆的水果也汇集在乌鲁木齐。我们第一次看到了产自喀什地区的伽师瓜。其形状和味道都与哈密瓜十分相似，只是伽师瓜的皮是青墨色，水分含量比哈密瓜多，仿佛是融哈密瓜和西瓜优点于一身。当场开瓜，真是香甜可口、回味无穷。生意做成，水果摊的老板乐坏了，配合我们摆着各种POSE。

最后再说说糕点。二道桥附近的阿尔曼糕点房让人难忘。不过最吸引我们的不是形状多样，层层叠叠的糕点，却是柜台后面糕点师傅们兴高采烈的面庞。这样开心的师傅，烘焙出的糕点能不好吃吗？

**伊犁：
让人爱怜的天使眼泪**

爱上赛里木湖的海蓝

　　从乌鲁木齐一路向西，经过昌吉、呼图壁、石河子、奎屯、精河到赛里木湖。一路有广袤的棉花田，一望无际、朵朵如云、纷纷似雪。我们在火车上遇见从内地过来的采棉大军已化整为零、变成了采棉游击队在棉花田里劳作。

　　南边的棉花田怎么延伸到了山巅？再仔细看才发现那是天山的积雪。起伏的山巅如同白头的老人们聚在一起晒着太阳聊着天。这么大一片棉花田靠的正是天山融雪，这里从古至今形成了庞大的灌溉体系。

　　渐渐地迎来了黄绿相间的草甸，草甸上的牛、羊和马儿成群结队地尽情享用这片丰美的牧草。两边的山渐渐收束，车在不停

地爬坡，我们知道赛里木湖快到了。于是每过一道岭就睁大眼睛看着，期待突然有一汪湖泊出现在眼前。失望了两次之后，我们终于看到前面那一块湛蓝的宝石，中间与天色交界的一线格外分明。美丽的赛里木湖，原来还是猫眼蓝宝石。

凝视着比天还深邃幽蓝的湖面泛起涟漪，心情也随着一起荡漾。这片湖泊仿佛是天使含泪的眼睛，清澈的泪水似乎马上就会溢出来，让人顿生无限的爱怜。

我们跑到湖边如同着了魔一样捧起一捧水，将嘴巴凑上去。据说赛里木湖是微咸湖，湖水并不是很咸，甚至可以直接饮用。

赛里木湖呈不规则的圆形，环湖接近一百公里，可以从不同角度欣赏远山、草甸和湖泊。特别是在六月份野花开满了整个草甸时，是赛里木湖最美的季节。现在没有了那些野花，却让我们更加专注于赛里木湖如宝石般的海蓝。

我们在哈萨克小伙子的带领下骑着马去山上观赏赛里木湖的全景。这里的马体型健硕，骑在马上顿生威风。我们开始用山丹军马场学来的口令和动作与马交流。可是不管我们怎样喊着"驾"和"吁"，马就是不听命令。我们向哈萨克小伙子求助。只见他喊了一声"嘿骑"，那马顿时撒欢一样跑起来。接着一声"得儿"，马就减速了。原来这是在哈萨克的地盘，要想骑马就必须学习哈萨克的马语。

山顶上有一大片高山草甸，整个湖面在眼前展开，四周的山势及来时的公路都尽收眼底。在这样壮阔的景致面前，我大呼一口气，拿着马鞭用劲向身后打了一下，两腿贴着马肚子大叫一声"嘿骑"。

这回马一定是听懂了，如同离弦之箭向前奔去。我身体微向前倾，也跟着马跳跃的节奏起伏。我感觉到马在奔跑时的腾空滑翔，耳边的风声越来越大，如同在空中飞行一样。只是那越来越快的失重、超重的交替感觉，让我不得不"得儿，得儿"地叫起来。

赛里木湖畔的日落日出

穿过杉林来到最高处的观景台,我们的影子已被夕照拉得悠长。坡下成群的绵羊如珍珠般撒在草甸上,在夕阳的照耀下闪烁着金属般的光泽。身后的杉林郁郁苍苍一直延伸到南边的山沟,再绵延到对面的山巅。

晚上九点之后太阳才缓缓坠下去,在远处山尖的遮挡下溢出金色的光芒,万丈光束向四面辐射,将天空中的云朵纷纷点燃,投入湖面荡漾着一抹艳色。羊群此起彼伏"咩咩"的叫声催着夜幕降临。东边的天空一轮明月升起,透过杉树的影子照下来,赛里木湖的水如同墨蓝。耳畔响起的是阵阵松涛,还是轻轻的海浪声,抑或是赛里木湖畔的催眠曲?

黎明微弱的光线里我们贴着湖畔骑马前行。一路看着东边的云霞越来越红、越来越亮,而湖面也从墨蓝变回湛蓝。山后再次溢出万丈光芒,北边的雪山上蓦然有了一道金光。看着远处的金

山越来越大,接着慢慢延伸到近处的山岭,我们仿佛看到了地上太阳的脚步。

太阳爬上了对面的山尖,暖暖地照在身上。马儿流着汗吃力地驮着我们穿过陡峭的杉树林,来到山顶的草甸。再次面对赛里木湖的全景,整个湖面既不都是泛着涟漪,也不都是水平如镜。中间泛着涟漪的那一块最蓝,而边上的一片以及近岸的水湾却很平静,北边的雪山顶上一抹雪线似乎也投在了静谧的湖面。

沿着马道下山,草甸之上我们又看见牧羊人骑着马将圈中的羊赶到了面前。看着羊儿欢快地上了山,想对幸福的羊儿说:"请替我们在这里继续守望天使之眼吧。"

果子沟的杉林与溪流

果子沟自古为进入伊犁乃至中亚的孔道。成吉思汗从这里挥师西进,而洪亮吉、林则徐、邓廷桢、徐松等谪戍伊犁的文人学者都从这里经过。他们或者留下了传世的诗篇,或者写出了不朽的著述,或者流传着千古的佳话。

沿果子沟经清水河镇至霍尔果斯口岸,一座亭中放置着中俄18号界碑。这是根据1881年清政府与俄国签订的《中俄伊犁条约》而立。当时清廷软弱,虽然曾纪泽再次谈判力挽损失,但是最后的结果还是割地赔款。

登临山口俯瞰果子沟,如虹的桥梁横跨宽阔的峡谷,甩开了脚下九曲回环的盘山公路;广袤的高山草甸随着山势起伏,草甸的尽处是更为广袤的杉林,延伸到突兀嶙峋的崖壁。这弯弯曲曲、层层叠叠的线条都汇聚在面前的这道峡谷上。

直到现在这里还是乌鲁木齐通往伊犁及霍尔果斯口岸的交通要道。我们沿着盘山公路来到谷底随着溪流行进。蓝天白云下哈萨克牧民的毡房被成群的牛羊环绕着。每经过一条支谷,都会眼

前一亮。或许是一条蜿蜒的支谷带着清澈的溪水来会，或许是一片苍翠的杉林随着陡峭的山岭相迎。即使没有六月间缤纷满地的野花，也让人目不暇接。

惠远古城觅林公树

> 惠远古城曾是北疆最重要的军政机构——伊犁将军府的驻地。由于伊犁是新疆通往中亚的重要通道，为了加强在伊犁地区的治理，乾隆时期在此设伊犁将军，建惠远城，并陆续在其周围建起八座卫星城，统称为"伊犁九城"。

从312国道的尽头霍尔果斯口岸返回清水河镇，转向218国道直奔惠远古城。据说路边种植的都是薰衣草，在五月间醉人的紫色花丛一眼望不到边际。

伊犁将军府还保存着当时的规制，门口一对可爱的狮子少了几分威武，多了几分天真。历史上48位伊犁将军闻名的不多，但是谪戍伊犁的名人却不少。其中既有乾嘉时期的著名学者洪亮吉,也有著下《西域水道记》的徐松,还有林则徐、邓廷桢等因坚决禁烟而获罪的督抚重臣。

　　四角三重檐的钟鼓楼被几棵古树掩映得愈发庄严古朴。这里是惠远古城的中心,镇上最热闹的地方。钟鼓楼边的一道水渠中有清澈的淙淙流水,这肯定是建城时的设计,将溪流引入城中。

　　最后我们去寻找林公树。这些树或许是林则徐当年手栽,或许是人们为纪念林则徐而种上。林则徐虽然谪戍于此,但是其爱国热情得到了世人的尊重。在伊犁的两年中他率民开通水利、巩固边防。我们出了城门一路寻找大树,终于在离城一里多的地方看到一个院落,里面绿树成荫,走进院子却发现里面已是牛圈了。四棵枝繁叶茂的夏橡都标着1842年左右种植。不知道这个院落是否为林则徐当年的居所?牛儿有灵,在这里相守。

神奇不已的汉人街

> 汉人街旧时聚集了三千多汉人,大部分是天津杨柳青的生意人。据说杨柳青人在这条街上有四百多家店铺。街上店铺林立、行商坐贾吆喝往来。

到了伊犁地区的首府伊宁,听说"不到汉人街就等于没来过伊宁",于是直奔汉人街。下车时只觉得这里是一个热闹的街市,但随后我们见识到了汉人街的神奇之处。

我们走在街上竟然听不到汉语,也看不到汉族人的面孔;听路边商贩的吆喝根本听不懂;身边都是标准的少数名族甚至中亚人的模样;除了部分招牌上有汉字,完全感觉不到这条街称为汉人街。

路边的一条河流淌着疾速的河水,河边的店铺与餐馆非常热闹，很多人坐在河边吃着当地小吃。有香喷喷的羊肉馅烤包子、烤鱼、烤肉，甚至是羊肝羊肺都能串起来烤着吃。抓饭、拌面、烧鸡、葡萄、西瓜也都挨着叫卖。

虽然街上一样的车水马龙，但现在汉人都搬走了，这里的哈萨克与维族人占到了绝大多数。整条街上竟然就我们两个倍受瞩目的汉人。

宛如梦寐的伊犁河落日

伊犁河落日是伊宁最美的景致，但是我们不知道是在老桥还是在新桥看。幸亏我们记得是有哈萨克人举行婚礼传统的那座桥，最后确定是老桥。

伊犁河大桥边真有一对哈萨克新人在拍照，新郎穿着西装，新娘则穿着婚纱、戴着高高的白色毡帽，面前垂着两束流苏。最

后所有的亲友都聚过来和新人拍全家福。看来哈萨克人在伊犁河大桥举行婚礼的传统未曾改变。

太阳渐渐接近了地平线,散发出温暖柔和的光线。顶上的云霞绚烂夺目,和夕阳一起燃烧起来。底下的伊犁河曲折蜿蜒,犹如一个"之"字延伸过来,河水映出一抹艳丽的夕照。天空一群一群的大雁排成人字形向着夕阳飞去,渐渐消失在绚烂的火烧云中。

太阳渐渐落到了远方的树下,但是艳丽的霞光却挽着天上的云霞映着地上的河面。云在天空悠悠地行,水在地面脉脉地流。虽然知道伊犁河落日美不胜收,但是这个场景还是出乎了我们的意料。

夜幕渐渐降临,东边一轮十四的明月升起。我们都说十五的月亮十六圆,而《一千零一夜》中总是说公主如十四的月亮一般美丽。这里也应该是喜欢十四的月亮,不然为何会有那首哈萨克歌曲《Dadidau Dadidau》:"我拿起笔开始写信给亲爱的你,你的脸庞如那十四的月亮一般美,每当想起心爱的你,荡起我心中无限的惆怅……"

月光之下,最后一群大雁盘旋着从我们头顶飞过。月光衬着它们的白肚皮,银光熠熠,像极了大海深处快速游动的鱼群,我们都被惊呆了。而它们似乎知道桥上有人在注视着,于是在空中进行着一次巡演，掉头又飞过来。我们忘乎所以地又看了一遍那群优雅的黑色身影，翻飞着银色的梦幻。

　　回市区时，出租车司机告诉我们今天伊犁的汉人大多数是过去支援新疆的农垦部队子弟，至今伊犁还保留着"农四师"、"六十五团"之类的建制，而现在来这里做生意或打工的四川人越来越多，都集中在花城附近，晚上有热闹的夜市。

醉人的那拉提空中草原

　　从伊宁沿着218国道贴着起伏的草甸行进。当翻过一道山口时眼前一亮，美丽的巩乃斯河贴在山脚下欢快地流淌，河的另一边是曲折的河滩、笔直的水渠、广阔的农场、散布的村镇及茂密的林木。这片天山支脉阿吾拉勒山与那拉提山之间的高原谷地，孕育了巩乃斯与那拉提的森林与草原。

　　第二天我们为了看日出一早就爬上了山，等着朝阳的光芒从远处五个攒聚的山尖透出来，仿佛一朵盛开的莲花。金色的光芒撒向整个那拉提镇。

　　我们沿着马道向上徒步，左右两边是野花点缀的草甸和绵延起伏的松林。四个小时的徒步，我们终于站在了山岭之上，看到了山岭背面绝美壮阔的景象。南边是广阔的那拉提草原，漫山遍野的草场随着山势起伏，成群的牛羊散布在山间的草甸上，一层一层的草甸逐层降低，山脚下一大片广阔的草原延伸开去，一直到对面无法逾越的雪山半腰，连着墨色的高山松林，最上面是皑皑的积雪。蜿蜒的河流与悠悠的道路交织在一起，串起颗颗珍珠般的毡房与牛羊，而草原也随着河流向西延伸开去。而东边的地势渐高，覆盖着那拉提林场的大片松林。那里可能有一条当地人在季节交替时换场的马道，穿过那拉提林场后翻过东边的山岭就可以到达巴音布鲁克的草场。

比较着面前的那拉提草原与身后那拉提镇所在的巩乃斯河谷，发现那拉提草原不仅广阔，海拔还比巩乃斯河谷高出不少。所以从那拉提镇上到这里很艰难，而从那拉提草原上来只有一半的距离。我们终于明白为什么那拉提草原叫空中草原了。

对着神圣的雪山、俯瞰空中草原，如行走在梦幻之中、飞翔在白云之上。

巴音布鲁克：
漫漫草原、悠悠河畔

美妙的巴音烤肉串

连夜赶到巴音布鲁克区，早上窗帘一拉开我们就看傻了，眼前是一排绵延不断的雪山，足有上百公里，这一定就是天山主脉。

悠悠的开都河从天山发源，蜿蜒流过巴音布鲁克草原，注入博斯腾湖。开都河最有名的是九曲十八弯，而九曲十八弯的最佳观赏时间是日落。如果要撑到那个时候，早上就一定要吃饱。

巴音布鲁克区只有一条街，旅馆和饭店都分布在两侧。饭店主要经营拌面、抓饭、烤肉之类，这些正是我们最想吃的。一家餐厅门前的烤架上放满了新鲜的肉串，边上一口大锅里是刚刚煮好的抓饭。只见饭粒晶莹剔透，腾腾热气中都是让人垂涎的香味。

吃了浸满羊肉香味的抓饭，现烤的肉串上来了，大块的羊肉上还滋滋冒着刚刚被烤出的油花。我们顾不得烫，迫不及待

吃了一口，感觉这羊肉不仅仅是一个香嫩可以形容，里面释放出了新鲜无比的肉汁味。

巴音布鲁克草原上吃着新鲜牧草、喝着天山融雪长大的黑头羊，或许今天一早还活蹦乱跳，两个小时之后就到了我们的餐桌前。

乘风而醉的天鹅湖

沿着巴音布鲁克景区内的公路，车如同一支离弦之箭沿着雪山绵延的方向笔直行驶。漫漫草原在面前一望无际。草甸上的牛羊在悠闲地吃着金黄的牧草，马儿在草原上奔跑着。

为了看一眼天鹅，我们骑马进入泥泞的草原深处。一片静谧的湖泊映着绵延的雪山倒影，远处的水面浮动着一个白点，我们把镜头拉到最近，发现果然是一只天鹅！只是它把头藏在翅膀下睡着午觉，只露出大大的屁股。

经过一个小时的等待，我们仍然没有看到优雅的天鹅在水面自由往来，心中颇为不甘。只得开始沿着沼泽向草原更深处走去，每到有水的地方就退出来再换一个方向，草原深处的草有半人高，我们差一点困在沼泽里。

或许我们的执著感动了天鹅，这时从湖泊和沼泽的深处飞过来几只天鹅，原先睡觉的天鹅也醒了，扑腾着翅膀活动，然后一起张开翅膀迎着雪山飞翔，越飞越高、越飞越远，直到消失在我们的视线中。

落日长河的九曲十八弯

继续沿着公路向草原腹心寻找开都河的九曲十八弯,沿途还是看不厌的雪山和牧场,天空中鹰隼在展翅翱翔。

弯弯曲曲的开都河,那流畅的曲线让我们情不自禁地惊呼跳跃。真不知道那平坦辽阔的草原上,怎么就会形成这有节奏的、逐级递增弯度与长度的九道曲线。山脚下的一处泉水悠悠地注入河中,成群的牛羊马儿在这里吃草饮水。

开都河源自西边的天山融雪,在山脚下东流分成两股然后又合在一起,打了一个大大的心结,将我们的心似乎也打在了一起。如果天气不是那么冷,我们多想就在山脚下的毡房边搭起帐篷露营,等着明天的日出。或许一大早我们醒来发现那些牛羊马儿就围在帐篷四周。

太阳渐渐西沉,游客也

渐渐多起来，纷纷抢占有利地形架起三脚架。我们一起等到太阳在开都河中留下了九个影子，静谧蜿蜒的河水将这十颗闪耀夺目的珍珠串起来。太阳最后沉到云层中，刹那间点燃了整片天空，醉人的霞光倒映在九曲的河中。

行在天边的独库公路

在万丈金光撒向巴音布鲁克的草原生灵时，我们同阳光一起投向天山的怀抱。

积雪的天山主脉如若白发老人们坐成一排，一直向东边延伸到视线的尽头。蜿蜒曲折的公路与清寒碧透的开都河交织着，将我们的视线一直引向雪山腹心的一道山口。

进入山口，穹庐一样挂着缕缕纤云的蓝天幕下，山巅厚厚的积雪如同华盖。融雪在岩石上映着太阳的光芒，一点一点汇聚到峡谷间的溪流中。溪流两边都是整齐的草甸，迎来成群的

牛羊马儿吃草嬉戏。

　　山谷渐渐聚合，我们过河谷、穿隧道。隧道出来豁然开朗，一个大峡谷出现在我们面前，看河流的方向已经在天山南麓了。沿着盘山公路盘曲而下，头上盘旋着久久不去的秃鹫。

　　一大片高山凹谷形成了天然湖泊——大龙池。湖泊如镜，倒映着高山松林和湛蓝的天空。下边不远还有小龙池，虽然面积不大，但是湖水清澈见底。大、小龙池如同天山之眼，碧蓝的颜色如幽幽的眼神泛着千年的泪光，让人脉脉生情。

　　从小龙池下来，天山南麓的山体很快发生了变化，这种反差来得太突然。北麓是丰美的草原，蓝得醉人的天空下一派欣欣向荣；南麓却是沙石堆积的荒山，海拔越低反而越是寸草不生，天是灰的，空气是干燥的。这让我们恍然大悟，原来在天山北麓时并非是我们适应了大西北的干燥，而是草原道原本就空气湿润。比起沙漠与戈壁，草原道的气候条件更容易实现早期的东西方文化交流。

第六届

丝路中线的风雪沧桑

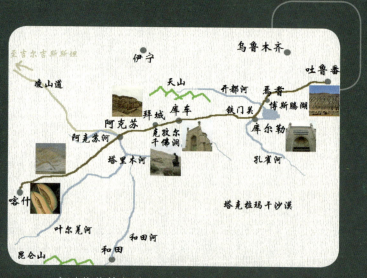

　　穿过茫茫的戈壁海,来到汉代的车师与唐代的高昌故址、绚烂的吐鲁番盆地。

　　我们从高昌故城开始访古,踏着断壁残垣,想着玄奘旧迹。深藏的吐峪沟还留着维吾尔族村落的神秘古朴,阿斯塔纳古墓群还留着吐鲁番文明的寄托。远处的冰山永远无法将火焰山的火焰熄灭;进入火焰山的腹心,柏孜克里克的洞窟还留着燃烧未灭的余烬。交河故城里火州的骄阳让人中暑,不过一切炎热在坎儿井和葡萄沟中就会消失殆尽。

　　从吐鲁番可以取道达坂城,经过排列整齐的风车阵后到达乌鲁木齐。也可以继续追寻玄奘的足迹到达焉耆。四十里城子中还有焉耆都城的遗迹。

　　趟过开都河、取道铁门关,沿着山体沧桑、岩石突兀的天山南麓到达汉代的轮台戍与龟兹古国的故址库车。于神秘的天山峡谷探索变幻多姿的山体,穿梭在曲折的时光隧道间。我们穿越了千年，面对的是龟兹国的佛寺、石窟与烽燧。在苏巴什遗址的佛坛之上，对着皱褶紧蹙的天山老人，询问他可曾见到玄奘当年在此讲经的故事，对着岁月悠悠的库车河水，询问他可曾见证其东西两侧庞大佛寺的兴盛衰亡。在克孜尔尕哈的烽燧前，想问他在戈壁中屹立了几千年，才会变得如此白发苍苍？他用风告诉我们是想将这片古老的绿洲和龟兹国的子孙永远地守望，虽然那里只留下了古国的残梦低墙。

沿着丝路关垒的旧迹穿过了风侵雨蚀而纹理纵横斜生的盐水沟，来到比敦煌石窟还早三百年的克孜尔千佛洞。古老的石窟保留着西域晕染的工艺，绘画出犍陀罗风格的佛像，以及肌肉分明的男飞天……这里的壁画与敦煌早期的作品比较，再次向我们揭示了佛教艺术从西向东传递并逐渐与中原文化融合的轨迹。只是那斑驳的墙壁与大肆破坏的痕迹，看了又让人揾泪千行，就连守在石窟边上的泉眼也化为千行的眼泪，和我们一起凭吊感伤。

取道拜城到姑墨古国的故址阿克苏。玄奘从这里直接沿着西北的凌山道翻越帕米尔高原到达中亚，而我们一路贴着天山南麓的沧桑，再趟过阿克苏河，经过柯坪、图木舒克、巴楚、伽师、阿图什，最后切入到丝路南线、疏勒国的故址喀什。

这一路除了天山的五彩山体、风雪沧桑的遗迹，还有丰富的水果特产，从吐鲁番的葡萄、库尔勒的香梨、库车的小白杏、阿克苏的糖心苹果、伽师的伽师瓜、阿图什的无花果……古代的丝绸之路似乎化身为现今的水果之路。当年张骞出使西域，是否也和我们一样将这些珍果一一品尝？

吐鲁番：
骄阳似火、热情洋溢

一心直奔高昌故城

　　高昌故城初建于公元前1世纪，西汉为了控制西域咽喉，在当时车师前国的都城（今交河故城）六十公里处筑高昌壁，在这里屯田开垦。后来戊己校尉治于高昌城，负责西域的军事与屯田。在南北朝时期，北凉沮渠安周以高昌城为基地对车师围攻八年后攻破交河城，车师前国覆灭。此时高昌城便取代了交河城成为吐鲁番的政治、文化、军事中心。而后北方游牧民族柔然灭沮渠氏，立阚伯周为高昌王。高昌国先后更换过阚氏、张氏、马氏、麹氏四个政权。麹氏享国最久，直至唐贞观十四年高昌为唐所灭。唐代在这里设置西州，开元年间这里人口有一万余户，"繁富尤出于陇右"。公元9世纪后这里成为回鹘高昌国的都城。公元1275年，蒙古游牧贵族叛乱时率领十二万骑兵围攻高昌城，高昌城受到致命打击。在后来的宗教冲突"圣战"中，高昌城和交河城被先后攻破，当地人民被迫信仰伊斯兰教，在战争冲突中高昌城和交河城毁于一旦。明永乐间高昌城被完全废弃。

　　从吐鲁番市区到高昌故城，一路经过葡萄沟与火焰山景区。但是我们都没有停留，因为我们想早一点看到高昌故城。
　　究竟高昌故城是怎样的山川形势？现在还剩多少断壁残垣？那地宫是否还有规制可寻？玄奘讲经的佛坛是否还完好如旧？这些问题都在我们脑海中萦绕。
　　一面兀立的夯土城垣虽然残破但并不低矮。面对沧桑的城垣，我们知道在锁阳城之后，将再一次与玄奘的足迹重合。
　　虽然经历两千多年的风吹日晒，故城轮廓犹存。沿着高昌故城贯穿东西的大路来到高昌王宫的所在。王宫附近有一座残存的佛塔，塔边的土堆就是讲经坛的遗迹。玄奘当年为高昌国王鞠文泰苦苦挽留，在这里讲经数月。而玄奘与鞠文泰结为兄弟，并在鞠文泰的帮助下南下焉耆、龟兹、姑墨，再从凌山道翻越帕米尔高原，最后到达天竺。今天的王宫只能看到地下一层的遗迹，以及边上一口干涸的古井。那王宫旁边阴暗的地下室，是否是玄奘拒绝当高昌国师、执意要去天竺，而被鞠文泰关押的监狱呢？玄奘是在这里绝食反抗，直到奄奄一息，才感动了鞠文泰这位自负的君王吗？

高昌国由于自负远在西域且有天山与戈壁的险阻而夜郎自大，最后被唐太宗派遣侯君集联合突厥旧部灭掉了。后来玄奘返回时得知高昌亡国也感伤不已，他再也无法履行向鞠文泰许下的讲经三年之约。想到这些我不禁抬头看了看远处的天山积雪，她应该见证了这两千年来的兴衰故事。我不禁又吟哦起来：地侵哈密略焉耆，国小无知自梦痴。积雪天山高万仞，将军飞骑下车师。

古城到处散布着土堆和土坑，这是高昌民居的遗迹。很多还未倒塌的墙壁上还保留着拱形的门框，甚至进入拱门后还能看到保存完好的方形小室。高昌城的最西端有大佛寺的宫殿建筑遗址。高耸的长方形佛塔上佛龛整齐排列，想必当年放满了佛像。高昌古城的东北角外有一座景教废寺的残

第六篇 丝路中线的风雪沧桑 · 151

塔,德国探险大盗勒柯克曾在这附近发现了回鹘文的《圣经》残片。这是高昌地区多文化交融的又一处实证。

登高远眺,古城四面的景致尽收眼底。北面的天空漂浮的白云、远处的天山顶上皑皑的白雪,以及近处火焰山红红的火焰,再加上眼前被正午的太阳炙烤下苍白的城垣遗迹,分明是跳跃鲜明的四重奏,奏出了高昌冰火两重的景象,串起了高昌千年沧桑的梦幻。

古老神秘的吐峪沟

吐峪沟里留下了圣人的麻扎,埋葬着最早将伊斯兰教传入到吐鲁番盆地的几位圣人。这里有最原始的维吾尔族村落,建筑物都保存完好。

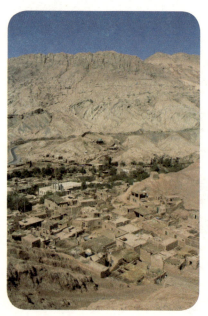

离开高昌故城继续沿着火焰山东行。正午的火焰山似乎燃烧了起来,我们在山脚下都感觉到灼热。在一个封闭的山凹中藏着一座古老的村落——吐峪沟。

村子并不大,村口是一片桑树林,村舍分布在山谷溪流的两边。经过村中的清真寺,穿过依山而建的民宅和街巷,俯瞰整个村子被四周的山谷护卫着,山谷里藏着吐峪沟千佛洞。涓细的溪流从山谷间流出,穿过整个村庄后流出谷口,滋润着成片的桑树林和葡萄园。

村中的民宅都很古老,不少已经挂上了家访点的牌子。桥边的一座民居是德国探险大盗勒柯克曾经住过的地方。他来到这个村子的原因恐怕是看到了这一带的石窟,想把壁画与雕塑一并带走。可惜的是,吐峪沟千佛洞因为修缮而未开放。

我们走过了一棵古桑树,上面就是圣人的麻扎,一座座墓葬都古老沧桑。愿圣人的英灵保佑这个村子吧。

名声在外的阿斯塔纳

> 阿斯塔纳古墓群距吐鲁番市约四十公里,位于火焰山之南、高昌故城之北约两公里。古墓群东西长五公里,南北宽两公里,是古代高昌国的公共墓地。

如果说在新疆地区找一处面积最大、文物最多、特点最鲜明的古墓葬,那无疑是阿斯塔纳古墓群了。阿斯塔纳出土文物中最具代表性的是《伏羲女娲图》绢画。女娲执规、伏羲执矩,二神人首蛇身,上身相拥,尾部呈"8"字交尾,画面四周绘满日月星辰。据说这幅图体现了当时高昌人对宇宙和生命的认知,希望能获得再生或保佑子孙繁盛的丧葬观念。

这里还出土了西晋至唐代的诸多文物,如文书、墓志、壁画、绘画、泥俑、陶、木、金、石等器物以及古代钱币和丝、棉毛织物等珍贵文物。文书和墓志记载的文献具有很高的研究价值。这里气候干燥,因此还出土了很多保存完好的干尸。

如今这里只将墓葬的一块圈起来,并开放了几个墓室供游人参观。至于文物大部分都收藏在吐鲁番地区博物馆和乌鲁木齐的新疆维吾尔自治区博物馆中了。可惜这里也没有能逃过外国探险队的疯狂挖掘。

让人叹息的柏孜克里克

柏孜克里克千佛洞始凿于南北朝后期、历经唐宋,始终是西域的佛教中心之一。公元13世纪末,因宗教冲突及高昌王室东迁甘肃武威永昌镇而逐渐衰落。开凿的83个洞窟现存57个,洞窟形式多为长方形纵券顶大窟与方形中堂回廊窟两种。

在高昌回鹘时期柏孜克里克的壁画艺术达到了巅峰。第15窟、第23窟、第32窟等大量洞窟描绘了释迦牟尼在前生供养诸佛的《誓愿图》。据说这些精美的绘画出自古代叙利亚画工之手。身披红色袈裟袒露右肩的立佛踏在莲台上,庄严而慈祥地施着各种手印,立佛周围簇拥着菩萨、天部、比丘、婆罗门,以及高昌王室等供养人。绘饰的庙宇、塔寺、城郭、房舍展示了当时的社会生活。这些精美的壁画在伊斯兰教兴起后被尘封了六百年,直到一百年前被列国探险队割裂几乎殆尽。

从阿斯塔纳出来经过胜金口,沿着一条河流侵蚀切割而成的峡谷进入火焰山的腹心,来到柏孜克里克千佛洞。

石窟的主体部分都深凿在山崖中,有的石窟前面有半球形穹窿顶的小室。可惜我们只能参观五个洞窟,在第20号窟的回廊只看到墙体上割裂的刀痕,以及中堂门口挂着一张高昌王室供养人的黑白照片。第27窟顶上残存着淡淡的千佛,墙上隐约留下了一尊漫漶的站佛影像,或许是泪水模糊了我们的眼。

柏孜克里克,是个让人叹息的名字。这里有精美的回鹘高昌佛教壁画,但是现在却分布在全世界的十几个国家;最精美的一部分壁画在柏孜克里克完好保留了千年,却被勒柯克贪婪地带到柏林陈列,在轰动世界后不到50年就毁于二战的硝烟中。无尽的哀痛与无限的悲情无法言表,还是让勒柯克自己来告诉我们当时的景象吧:

"一天,幸运正向我们微笑。这座石窟还有一个很窄的回廊，但是从地上到天花板填满了沙土。我们拼命地攀爬而上，沙土耐不住体重不断地向下滑。想找到落脚的地方，边踩边爬。像小山一样堆积的数百磅沙土就这样被搬走了。就好像是完全得到了魔力的帮助，暴露出来的左右墙壁上出现了非常美丽

的彩色画，就像刚刚画好的一样。看到的全是新鲜的色彩，巨大的佛陀，戴着头巾的异族人，戴着奇怪帽子的丝路商人。壁画的保存状态只能说是好到极致，喜悦之情难以言表。"

酷热的火州火焰山

　　火焰山位于吐鲁番盆地的中部，东西长98公里，南北宽9公里，最高处海拔851米，主峰位于鄯善县连木沁镇西12公里处。

　　从吐鲁番市区东行十公里到达葡萄沟开始，一直到五十公里外的吐峪沟，然后再折返胜金口峡谷至柏孜克里克，一路相随的是火一样燃烧的山脉，这就是因《西游记》里孙悟空三借芭蕉扇的故事而赫赫有名的火焰山。

　　早上经过时只注意到火焰山红色褶皱的山体，当中午我们返回胜金口前往柏孜克里克时，看到整个山体在烈日照射下，炽热气流滚滚上升，赭红色的山体真如同烈火燃烧。

　　在骄阳炙烤下，吐鲁番盆地内吸收的热能久聚不散，加上干燥少雨，气温居高不下，常在50℃以上，而地表温度甚至可以达

到80℃。这可以从火焰山景区中被做成孙悟空金箍棒造型的温度计上得到印证。

一条天山融雪汇聚的河流千年万年侵蚀着山体而形成了峡谷,柏孜克里克千佛洞就在峡谷中间。峡谷的岩壁上悬着一道木梯绳索,可以一直爬到山顶。但是时当正午,我们游览了高昌故城和吐峪沟之后已经筋疲力尽,坐在车里都觉得炎热,最后只有带着遗憾离开了火焰山。如果还有下次,我们一定喝饱了水,再带一盒生鸡蛋和一个煎锅爬到山顶。

迷上吐鲁番的墓志文书

吐鲁番地区博物馆中可以寻到丝路重镇的昔日文明。进入展厅迎面就是丝路地图。从哈密到达吐鲁番之后,既可以北走车师古道到达北庭,也可以西行达坂城到达乌鲁木齐,还可以南走银山道到达焉耆。当年玄奘告别高昌王之后走的便是银山道。

馆中陈列的文物有新石器时代的陶器、木器、棉织品,也有西域的金属器物、仿中原宫殿的硕大斗栱,还有高昌国延昌、延寿年间(561—640年)的墓志与文书。这里的墓志与中原不同:中原的墓志铭刻在石板上,而这里的墓志铭是朱笔或墨笔写在和石板大小相仿的方砖上。估计这里石板不多,能刻字的工匠也比较难找;而这里又非常干燥,把字写在砖上放个几千年也不成问题。墓志铭上的字体是楷书与隶书结合的字体。当时是中原的北周至隋唐时期,中原的楷书已经逐渐完善,相比之下这里的书写

习惯比中原滞后几十年。舒张的隶意与端庄的楷法结合变化多端，对研究隶书到楷书过渡阶段的书体很有价值。

后面看到的是精美的丝织品残片，包括绢、纱、锦等。丝绸之路在这里当然要留下一些丝绸来印证。部分丝织品的图案有明显的异域风情，估计当时中原的养蚕与纺织技术已经传到了这里。

干尸展室中陈列着历代的干尸。以两千多年前原始而神秘的萨满教巫师、唐代高昌国张宁将军夫妇的干尸最引人注目。吐鲁番地区极端干燥的气候让尸体千年不腐。

　　吐鲁番文书展馆里存放着西晋以来吐鲁番地区出土的文书，其书体也逐渐从隶书、章草到行书、楷书。有不少兼容了多种书体的特征，甚至可以看出有些间架与笔法同中原地区书法家的渊源。而比书法更重要的，是文书中的文献内容，包括公文、书信、过所（通行证）、账簿、地契、诗歌、写经等，还有一部分是回鹘及察合台等异国文字。正是这些文书的学术价值，让吐鲁番能和敦煌并称"敦煌吐鲁番学"。

　　随后我们去了吐鲁番东郊的苏公塔。这座塔是1778年吐鲁番郡王额敏和卓修建。塔身下大上小，呈园锥形造型，布满了精美的伊斯兰风格的纹饰。塔顶是一个穹顶的阁楼四面开着窗户。通过塔身间隔有致的狭长窗户，可以想象其内部是螺旋形的楼梯结构。塔门旁的碑刻上有"大清乾隆皇帝旧仆吐鲁番郡王额敏和卓"、"寿享八旬三岁"、"恭报天恩"等文字，可见当时额敏和卓修建此塔的目的，以及对清廷的尊敬。

交河故城的炎炎烈日

　　交河故城是凭借两条河水相交而形成的柳叶型狭长台地修建。西汉时车师前国以交河故城为都城，后来作为重要的军事要塞，经历了北凉、高昌、唐、高昌回鹘，最后因为宗教纷争让这座古城毁于一旦。

　　古城南北长1600百余米，东西最宽处约300米。从高高的土崖、陡峭的坡道、险要的城门、狭窄的街巷和遍布的水井，展现出这座古城完美的防御体系。唐代骆宾王也感慨道"交河浮绝塞，弱水浸流沙"。

中午来到大地上最完美的废墟——交河故城。过河之后沿着南边陡峭的坡道进入城中。丝路上最古老的古城遗迹，历经2300多年的沧桑变幻，曾经的官署、寺院、佛塔、民居的断壁残垣诉说着塞外的悲风。在交河故城的边缘向下俯瞰河谷几乎令人眩晕，真应了古人"交河城边飞鸟绝"的诗句。

交河故城偏南的位置有一组地下的院落遗迹，从这里规模庞大的空间、几重大门的规制，以及逃生通道的建设上看，这里就是交河故城的统治中枢。官署边上的婴儿墓群似乎体现了当地人对婴儿夭折的恐惧与对天神的敬畏。

沿着南北大道向北直通大佛寺，这里是一座规模宏大的寺院遗址。寺院前有一座方塔的遗迹。进入大佛寺的第一重院落，两边都有深深的水井。再进入第二重院落，看到了佛寺的中心佛塔，上面有佛龛的遗迹。

东边狭长的步道直通狭窄险要的东门。这里的街道用的都是"减地留墙"的工艺，路是挖出来的，两边自然成为墙体。

穿过断壁残垣的庭院、再向北行走半里，一座高高的圆塔

四周有四座方形的小塔拱卫着。这是交河故城中最宏伟的佛塔。佛塔再往北一片荒芜,看地上留有不少长方形的坑穴遗迹,这一带应该是交河故城的墓地。佛塔东西两侧各有一座小型寺庙。虽然是小寺,但是从院墙、水井、佛坛、佛龛之类的遗迹上看,仍然一丝不苟,可见这里佛教曾经盛极一时。

火州的理想避暑胜地

火州的九月依然火热,我们两天都几乎中暑,最后却分别找到了理想的避暑胜地。

首先是绿荫如盖的葡萄沟,它是火焰山西侧支脉边的一条沟谷。虽然两边的山光秃秃的没有一点儿生机,但是沟中一条清碧的河水滋润了整片葡萄园,焕发出蓬勃的生气,结出了甜美醉人的葡萄。葡萄沟中家家户户都有晾葡萄干的荫房。《元和郡县图志》中记载吐鲁番地区唐代就进贡葡萄干了。

沿着坡上的公路进入葡萄沟,沟谷如同一个大摇篮,盖着由密密的葡萄架和绿油油的葡萄藤交织而成的大棉被,孕育着各种甜美醇厚的大葡萄:红马奶子、绿马奶子、红玫瑰、还有制作葡萄干的无核葡萄王。征得同意后我们摘了一串红马奶子,好一股醉人如蜜的香甜。在王洛宾音乐艺术馆前,淙淙的流水声似乎是王洛宾老人采到的音乐,吐鲁番的葡萄熟了,我们的心也醉了。

另一处避暑胜地是坎儿井。它根据吐鲁番盆地的地理条件，利用地面坡度引用天山融雪的地下水灌溉农田，这样可以有效防

止水分的蒸发。坎儿井由明渠、暗渠、竖井和涝坝四个部分组成。其制作工艺是先打竖井、再打横渠，通过木棍定向法获取准确的方向，最后依次连通而成。坎儿井暗渠到明渠的洞口被称作"龙口"，家家户户可以不用到龙口取水，只要用吊桶从竖井打水就行了。

郊区寻到了一处坎儿井龙口，第一个竖井就在龙口内的不远处。流水冰冷刺骨，即使是刚才差点儿中暑，我们现在想从龙口猫着腰赤着脚淌水进去，走向坎儿井深处还真需要勇气。只有羡慕一群白鹅在龙口前拍水嬉戏。

原以为坎儿井风情园里可以体验一段暗渠，但是最后还是止步于龙口。借助昏暗的灯光看到向远处延伸的暗渠没有尽头，只有淙淙的流水源源不断地过来。井边立着对坎儿井有过突出贡献的历史人物塑像，林则徐在其中最为知名。其实早在2000年前的汉代就已经出现了坎儿井的雏形。吐鲁番地区共有坎儿井1000多道，据说最长的可达20公里。

坎儿井边异常凉快。我们将矿泉水放入水渠冰镇，一边吃着葡萄，一边听着淙淙的流水，那是吐鲁番最动听的旋律。

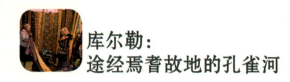

库尔勒：
途经焉耆故地的孔雀河

在库尔勒追忆焉耆故地

库尔勒是巴音郭楞州的首府，这个城市因为塔里木盆地的石油发展起来。在汉代至唐代，这一带的国家叫焉耆，都城在靠近焉耆县的四十里城子。焉耆并不算是大国，在汉代大概有三万多人口，六千多兵马。处在丝路要道上的焉耆似乎也审时度势地做墙头草，在西域诸国博弈的年代里左右逢源。

玄奘离开高昌之后，从托克逊县境内的银山道来到了焉耆国，《大唐西域记》中记载焉耆四面有山为屏，道路险要、易守难攻，泉水溪流交织可以灌溉田地，土地适合种植玉米、冬小麦、枣、葡萄、梨、沙果等，气候宜人。有十余座寺庙，僧徒二千余人，习小乘教。

开都河从天山北麓发源，经过巴音布鲁克曲折流入博斯腾湖。博斯腾湖溢出的水流入孔雀河。因此库尔勒地区有丰富的水源，这一带从汉代开始农耕、畜牧和渔业都发展得很好。即使在今天，焉耆一带还有大片的沼泽，遍地牛羊成群。溯着开都河向上来到巴音布鲁克，那里更有广袤的草原。所以当渥巴锡一路艰辛率领着蒙古土尔扈特部从俄罗斯回归清朝的时候，乾隆将这片最好的牧场赐予了这个英雄的部落。

库尔勒市区北边有一组突兀的山峰，山上有重修的佛塔和亭台。两山之间的峡谷中有一条河滚滚流向市区，这就是孔雀河。经过孔雀河千百年的冲刷侵蚀，峡谷险峻深邃。山间保存着一条古驿道，沿着这条古驿道便可寻到丝路中线的要隘——铁门关。只是现在因为修了水库，关楼已是后来重建。

悠悠的孔雀河曾经在丰水期可以一直流到罗布泊的腹地。百年前斯文赫定的考古笔记中还记载了罗布泊迎来季节性的水源，不少湖泊重新焕发了生机。可是现在罗布泊再次成为死亡沙漠。

　　位于焉耆县的七个星千佛洞虽然也经历了外国探险队的洗劫，但是当年佛教的兴盛还依稀可证。

徘徊在老城的加麦清真寺

　　我们在库尔勒仍旧首先寻找巴音郭楞州博物馆。找到了石化大道和迎宾路口的博物馆大楼，却发现博物馆还未开放。原来我们从网上下载的长达百余页的巴州博物馆资料只是该馆的建设规划。这样在库尔勒市区可以一游的只有加麦清真寺了。

　　加麦清真寺始建于1961年，是目前库尔勒市最大的清真寺，砖砌门楼挺拔而宏伟。清真寺边上有一条老街，里面是商铺林立的巴扎。巴扎虽然不大，但是食品、手工艺品、生活日用品、金

银饰品店一应俱全。特别是小刀、毛毯、金银器都很精致。

　　一家十字绣的店里看到一位顾客,她竟然将眉毛画在了一起,这是我们在和田想看却没有看到的维吾尔族传统风俗。用乌斯蔓草汁涂在眉心使眉毛相连,是美女的标志。也有人说如果母亲从小将女儿眉毛画在一起,也就将母女的心连在一起,将来女儿出嫁会离娘家很近,免受遥遥牵挂之苦。

　　夕阳下的孔雀公园安静祥和,我们吃着库尔勒的香梨,看着脉脉的孔雀河带着落日的余晖从身边掠过。

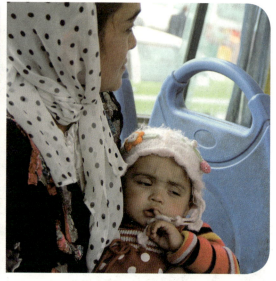

库车：
龟兹古国的沧桑旧迹

壮美的库车大峡谷

沿独库公路穿过天山的大小龙池，山谷两边的岩石渐渐透出鲜艳的火红色。两块高耸突兀的大岩壁如同天然的万仞城墙，只留下中间的一条狭缝——天山大峡谷。这条峡谷为红色岩石经风雕雨刻及溪流侵蚀而成，峡谷曲径通幽，山体千姿百态、沟中有沟、谷中有谷、幽深神秘。

大峡谷的谷底比较平坦，脚下有一条细细的溪流，时而在脚边流淌，时而潜入沙砾中。踏着沙砾走入峡谷，仰望头顶的一线天空，只觉得陡峭的峰峦岩壁似乎随时随刻都会压下来。深谷之中却是峰回路转，时而宽阔、时而狭窄，有些地方仅容一人侧身通过。

峡谷的岩壁毫无例外都是深红色，一层一层地堆叠着，只是有的堆叠是横着的，有的是竖着的，有的是斜着的，有的则是扭曲的。岩石的形状也是千变万化，有的如狗，有的如狮子，有的如马，有的如情侣在拥吻，有的如出海的风帆，有的如琼楼玉宇。总之，这里是充分发挥想象力的梦幻之谷。

"天山琼阁"如同城堡一般屹立在峡谷中间,琼阁之上还有一座唐代的石窟,被称为阿艾石窟。"八戒亲子"凝固了猪八戒把小猪高高抱在面前,准备亲吻的瞬间。"通天洞"则在大峡谷的一条支谷中,洞中有洞、洞壁流水,有一条大铁链通向洞顶,不知由此攀爬上去是否别有洞天。

在距离大峡谷不远处还有一片土林,鲜红色的土岩山体如刀削斧劈丛丛林立着,如同一幅艳丽的油画,真是造物神妙。

神奇的天山峡谷,它们袒露着身躯,暴露在眼前。它们的轮廓、它们的纹理,在瞬间让人眩晕失色。它们的每一道褶皱,诉说着沧桑如诗;它们毫无遮盖的峥嵘身躯,如同火种般燃烧。

流连库车的夜市和早市

来到库车刚好赶上夜市,当地人推荐我们品尝馕坑肉。所谓馕坑肉就是在烤馕的坑里烤肉。不过貌似也不那么简单,那些肉应该事先腌制过。望穿秋水的馕坑肉终于端了上来。这盘馕坑肉是用上好的羊排为原料,肥瘦适宜,吃起来也是格外酥香嫩滑。上面再放些辣椒粉,就着烤馕一起吃,实在是大快朵颐。

库车最热闹的恐怕还是早市。大大小小的摊贩挤满了整条马路，拖拉机、三轮车、地摊，卖的都是一样的新鲜农副产品。摊主估计都是一大早从边上的乡村赶来。

最吸引我们的是瓜果。新鲜的大枣五块钱一公斤，香梨两块钱一公斤，除此之外还有无花果、桃子、葡萄、鲜核桃等。我们问了价格之后都是心中窃喜，再没有还价的念头和勇气。在这样的县城早市，卖家和买家都非常爽快。

为了解决中午的路餐，我们要带几个库车大馕随行。大馕有多大？前面说过乌鲁木齐阿布拉的馕大小是普通烧饼的十倍，那么库车大馕则有二十倍，比家用的脸盆还要大。

一个伙计在一个大方桌上将面团擀平，然后将拌了胡萝卜丝、油、盐、辣椒粉的调料撒匀，最后拿一个模具在大馕上印满

花纹。烤馕用的馕坑大如火炕,另一个伙计跪在大炕上将馕往馕坑四壁贴。

这么大的馕让人联想到披萨。甚至有人说当时马可波罗经过这里看到了大馕,将做法改进后带回意大利。这样说来库车大馕倒成为披萨的祖先了。

龟兹老城的走马游历

汉唐时期经营西域多以龟兹为政治中心。《汉书·西域传》记载龟兹近七千户,八万余人口,两万余兵马。龟兹当时在西域已算大国,人口为楼兰的五倍、于阗的四倍。

《大唐西域记》中记载龟兹都城周长十八里。这里适合种植麦子、粳稻,出产葡萄、石榴、梨、沙果、桃、杏,产黄金、铜、铁、铅、锡,气候温和、民风淳朴。有寺庙百余座,僧徒五千余人,习小乘教。

龟兹乐从前秦吕光西征时传入河西,再入中原。北周时龟兹著名的音乐家苏祇婆来到中原,带来了龟兹乐调"五旦七声"理论,深深影响了中原音乐的发展。隋代的《九部乐》与唐代的《十部乐》中都离不开龟兹乐。《大唐西域记》中记载"龟兹伎乐,特善诸国"。

进入库车老城,来到库车王府。这里曾是乾隆为表彰当地维吾尔族首领协助平定大小和卓的功绩,派遣内地汉族工匠建造而成。王府边上是龟兹博物馆。

穿过一排维吾尔族的老宅,来到疆境内规模仅次于喀什艾提尕尔清真寺的库车大寺。大寺门楼砖砌,高耸的门楼与宣礼塔庄严挺拔。清真寺的大殿庄严古朴,可容纳三千人做礼拜。大殿对面还有一座宗教法庭,说明这里曾经出现过政教合一的制度。

从汉代班超经营西域、设立西域都护府,到唐代安西都护府迁于此,龟兹翻过了辉煌的几页史书。但是今天龟兹故城只留下了一段残垣。我们更遗憾没能听到现在的龟兹乐声。据说这里只有节假日才演奏当地的音乐。

苏巴什的沧桑面孔

《大唐西域记》中记载城北四十余里的山脚下隔着一条河有东、西昭怙厘大寺,佛像雕饰登峰造极、僧徒清净勤勉。佛堂中有一块面广二尺余的玉石,色带黄白状如海蛤,上面有佛足迹。足迹长一尺八寸,宽六寸余,倘逢斋戒日会发出烛焰般的光芒。

《大慈恩寺三藏法师传》中记载玄奘从焉耆来到龟兹,受到了信奉佛法的龟兹王的礼遇。当时龟兹国最德高望重的高僧本叉鞠多曾经在印度二十多年,号称独步,见玄奘的时候很是傲慢,讨论经典时也信口开河。而玄奘引经据典、精熟严谨,本叉鞠多见辩论不过玄奘,便倚老卖老说佛经上无此语,龟兹王叔当场为玄奘证言随后拿出了佛经对证,弄得本叉鞠多狼狈不堪地说是老了忘了。因为大雪封住了帕米尔高原上的"凌山道",在随后的两个月玄奘便停留在龟兹。这时本叉鞠多对玄奘又敬又畏,不敢坐着和玄奘说话,有时甚至避而不见,私下里说即使是在印度,像玄奘这样年轻而出类拔萃的高僧恐怕也很难有了。

在库车县北边十几公里的天山脚下,有规模宏大的苏巴什古城遗址。其实古城是龟兹国的一座大型寺院,名叫昭怙厘大寺。当年玄奘曾于此讲经辩论,今天我们来这里寻找那份执着。

古城方圆一里都是夯土墙垣与房屋的遗迹,中央的一座高台分外夺目。看高台的遗迹便知道这里是一处佛坛。佛坛呈梯形体,前面长长的夯土楼梯连到佛坛上,后面是一间佛龛。再上面

的部分已经残破,估计是佛坛的金顶。

站在佛坛上看着寺院的残迹犹在、壁垒沧桑,我们仿佛看见了一千多年前的故事。当年玄奘或许就是和本叉鞠多在我们所在的佛坛之上进行辩论,龟兹的王公贵族坐在佛坛的边上,而数千僧徒就恭敬立在佛坛之下。

古城的东边有一条宽阔的河谷,悠悠河水从天山而来。河谷的对面也有一座寺院的遗迹,有一座覆钵式佛塔仍然屹立不倒。那是昭怙厘大寺的东寺,而我们所在的是西寺。

《大唐西域记》中记载:"荒城北四十余里,接山阿,隔一河水,有二伽蓝,同名昭怙厘,而东西随称。"叹息正是这精确的记录,让英、俄、法诸国的探险队蜂拥而至,盗走了大量的文物,实在是令人扼腕。现在这里没有了玉佛足履之迹,没有了佛像和壁画,没有了文书和经卷,有的只是一种思奠。但是转念想来,玄奘书中没有记载的东西难道就逃过了劫难吗?对着嶙峋突兀、高低起伏的天山,看着满眼残破沧桑的寺院遗迹,迎着耳畔呼啸而过的寒风,仿佛听到见证了这一切的天山对我们说道:倘若我们自己不珍惜重视这些文物,自然有人盗而取之。

克孜尔尕哈的烽燧凝望

库车西北郊外盐水沟东侧的克孜尔尕哈有一座丝绸之路上保存最古老、最完整的烽燧。因为其保存完好、屹立如塔,亦被称为土塔。克孜尔尕哈,在维吾尔语中为"红色哨卡"之意。据说这座烽燧建于汉代,屹立了两千余年。

远远看到雄壮的烽燧守在天上脚下的戈壁上。烽燧经历千年的风吹雨打还保留着16米的残高,挺拔的身躯略呈收束。在顶部有部分木条裸露于外,可能是为了承住一个土垒。烽燧墙体是泥土夹杂树枝、木楔夯筑而成,可以看到十几厘米厚的层层夯土。烽燧一面中间有一道明显的凹痕,是被千年的风雨侵蚀的痕迹。

在烽燧边的崖壁上有克孜尔尕哈千佛洞,据说几座石窟里有精美的唐代壁画,但是损毁严重。

在烽燧下站了很久，很想登上这座守望了库车绿洲两千年的烽燧，与古代边塞将士的脚步契合，和他们一起环顾这四面的山形水势。但是高大的烽燧四壁无由落脚；即使垂下一条绳索，面对着这座连着民族魂魄、屹立了两千年的烽燧，又如何能忍心留下一个脚印呢？

克孜尔千佛洞的叹息与眼泪

克孜尔千佛洞始建于公元3~4世纪甚至更早，在公元6~7世纪达到鼎盛，公元8世纪末吐蕃占据龟兹后被逐渐废弃。佛教通过西域从印度传到中国，龟兹古国地处古丝绸之路上的交通要冲，曾经是西域地区政治、经济和文化的中心。龟兹的地理位置决定它成为"西域佛教"的一个中心，也成为佛教传入中原的一个重要桥梁。据说这里比敦煌开凿石窟的时间还要早三百多年。敦煌研究院前院长段文杰说：研究敦煌深层次问题的钥匙在克孜尔千佛洞。

告别烽燧我们朝拜城方向行驶。在盐水沟的沟口有两处古代关垒的遗迹，可以印证当年丝路的轨迹，这里是龟兹（库车）通往姑墨（阿克苏）的重要孔道。

随后经过的是起伏的戈壁，满眼都是荒凉的山丘与沙砾。当翻过一座山崖，一条河谷在眼前豁然出现，蜿蜒的河流两边形成了绿洲。在这荒芜的戈壁上能有这样的一条河流，定是风水宝地。就在一侧的崖壁上开凿了大大小小的石窟，称为克孜尔千佛洞。

我们瞻仰了石窟前鸠摩罗什的雕像。这座雕像刻画出一位骨瘦如柴的青年僧人打坐沉思的形象。鸠摩罗什生长于龟兹，并于公元401年来到长安从事佛经的翻译工作，对于佛教的交流与传承做出了不可磨灭的贡献。他的舍利塔位于西安户县草堂寺，五年前我们曾经专程拜谒过。这次我们从西安到武威拜谒罗什寺塔、再于敦煌寻到他葬马的白塔,今天终于到了他的家乡。

跟着导游走马观花地看了六个窟。在几个中心塔柱式石窟中还保存有大量的壁画。我们看到了体型刚健、肌肉分明的男飞天,看到了菱形格中一幅幅精美的佛传故事,也看到了青金石颜料醉人的幽蓝色。壁画中的人物带有早期印度及犍陀罗风格,甚至有欧洲人的面容与服饰,描绘出当时社会生活的缩影。壁画被破坏得非常严重,勒柯克、斯坦因等探险队当然没有放过这里,现在大部分精美的壁画已经在德国、英国等地的博物馆中了。面对满面疮痍的墙壁,我们怎能不垂首叹息。

一座禅窟的整面墙壁上写满了大字题记。这里是第一个提出保护克孜尔千佛洞的艺术家韩乐然在研究克孜尔壁画时住过的地方。题记中字里行间真切的呼唤,甚至是行云流水般的刻字笔法,都体现出其内心对这些无价之宝的热爱,以及其执著研究的精神。可惜在他留下这些题记后不久,在回家途中飞机失事。这让我们再一次叹息。倘若没有这样的意外,他在克孜尔的成就当与张大千在敦煌的成就相伯仲。

最后我们看了一眼千佛洞边一条凹谷中的千泪泉。据说这是一位公主因为无法跟心爱的猎人在一起而化成的泪泉。泉水不是从一处涌出,而是在一整面的山崖上渗出,汇聚成水滴而后千股流下。仿佛是为千佛洞,也是为韩乐然,流下的叹息哀恸。

五彩斑斓的天山南麓

从天山神秘大峡谷开始,那光秃秃的山体便焕发出五彩的颜色。而今天的盐水沟,以及拜城附近的五彩山,更让我们对这些山体充满着好奇与期待。

盐水沟因为自身岩体及风侵雨蚀而显示出奇特的地貌。其岩石的纹理纵横斜生,蜿蜒曲折。层层叠叠的岩壁整齐排列、相互交错,一直向远处延伸。因为盐水沟河水中带有大量盐分,河边的岩石及干涸的河床呈现白色,厚厚的盐花夹着浪花,与远处的红石山交相辉映。放眼望去整个山体寸草不生,但是一点也不缺乏变化。盐水沟边上的一处山体,出现了窗棂状宫殿式丹霞地貌,颇似布达拉宫。

在拜城附近还看到了如同张掖丹霞一般的五彩山。山体由一圈一圈五彩的泥岩和砂砾岩组成,就像一片大贝壳。而有的山丘平滑流畅的表面覆盖了一层盐晶,仿佛月光下的夜雪初积。

当我们快要到达阿克苏时绿洲多了起来,沿途有卖葡萄、桃子,以及阿克苏的特产糖心苹果的摊贩。看着诱人的各色水果,却让我们联想到了那绚烂的五彩山体。

**阿克苏：
沿着水果之路到水果之都**

姑墨古国与凌山道

玄奘《大唐西域记》中记载从这里西北行三百余里过了石戈壁，来到葱岭北部的凌山。这里山谷积雪，即使春夏也不解冻，偶尔融化随即又封冻了。一路险阻，寒风刺骨，多有雪崩，非常危险。行人从这里经过不能穿红褐色的衣服，不能大声说话，稍微不注意就会引发灾难。如果突然起了暴风，飞沙走石，雪崩袭来，就会丧命，很少有幸存者。

玄奘弟子所撰的《大慈恩寺三藏法师传》中细致描写了这段经历：凌山险峻高耸入天，道路从开辟以来就积雪冰封，春夏不融。山上风雪与云层连成一片，仰望到处都是皑皑一片。脚下大块的冰凌横路。这样一路顶着风雪崎岖攀登而上，虽穿着厚厚的皮衣、踏着两层鞋子也会感到寒冷。想要休息吃东西却没有可以歇脚的干燥地，只能将锅悬空架起做饭，在冰上就寝。七日之后才出山，随行的人有三四成被冻死了，牛马冻死的更多。

我们到了昔日的姑墨，今日号称"小上海"的阿克苏。夜晚的阿克苏大十字、步行街和美食街最为热闹。这里一直"土宜气序"，只是"伽蓝数十所、僧徒千余人"已不可寻。

玄奘西行时就是从这里取道西北方向的凌山道越过帕米尔高原，到达今天的吉尔吉斯坦境内的大清池（伊塞克湖）和素叶水城（碎叶）。但是凌山道极为艰辛。玄奘在这条路上经历了惊险的雪崩，付出了惨痛的代价。

现在寻玄奘之路的人多是从这里西北行，通过土尔尕特口岸进入吉尔吉斯坦境内。而我们却要从这里继续行走到喀什，在帕米尔高原的瓦罕走廊迎候玄奘的归途。

阿克苏到喀什的水果之路

阿克苏到喀什只有400公里，出阿克苏不久就看到了宽阔的阿克苏河。它与叶尔羌河交汇，然后再与季节性的和田河交汇成塔里木河。一路上除了几处五彩山和平滑的盐碱山，剩下的就是戈壁与红柳，偶尔经过一些河流与水库。

将近8个小时的行程中，路边经常出现的水果摊给我们带来了新乐趣。从昨天拜城的葡萄、阿克苏的糖心苹果开始，到今天的伽师县的伽师瓜和阿图什的无花果，再加上蓝莓、桃子……这一路我们满载而归。

又吃上伽师瓜，实在是一件很幸福的事情，特别是在伽师瓜的原产地，价格是三块钱一公斤。卖瓜的刀法纯熟，只需要三刀就将一个整瓜解体，一片如同月牙的瓜瓣就被递到面前。长途车经常停在摊子边上，乘客们纷纷下车来到瓜摊前，一块钱吃一块瓜，脸上都映出甜蜜的笑容。

从车师（吐鲁番）到焉耆、龟兹（库车）、姑墨（阿克苏）、疏勒是汉代的丝路北线、唐代的丝路中线。一路沿着天山南麓西行，看到的是千年风化沧桑的岩壁，连缀着一座座古城及烽燧的遗迹；天山融雪滋润着一片片绿洲，结出绚烂丰富的果实，昔日的丝绸之路倒成了今天的水果之路，最后到汇集了各种水果的喀什，那里可真称得上是水果之都了。

第七届

丝路南线的高原情怀与民族风情

　　人道"北疆看风景、南疆看风情"。可是在丝路南线,不仅有浓郁的民族风情,更有壮丽的自然风景。

　　从喀什一路南行溯着壮观的盖孜峡谷,脚下河谷深邃、不断回荡着滚滚波涛,头顶公格尔雪山如同一顶大大的毡帽,挽着一道如练的云气,这样的美景在盛夏也挥之不去。峡谷之上有奇异梦幻的白沙湖,湖畔成堆的白沙似雪将山峰拥抱。大、小卡湖映着海拔7546米的冰山之父——慕士塔格峰,映着雪峰间的缤纷光影、绚烂夕照,映着高原上一轮明月、满天星斗,映着第二天的霞光万道、日照金山,映着草滩上的天似穹庐、牛羊遍野。再从塔什库尔干沿着中巴公路南行,经过瓦罕走廊的谷口,奔赴红其拉甫。眼前雪山冰川压来,从晴云到风雪,一路经历着帕米尔高原的风云变幻。再沿着丝路南线行驶在昆仑山北麓的千里戈壁滩上,和田之后便是塔克拉玛干沙漠的边缘。行走沙漠公路,浩瀚无边的流沙海中,竟然有一株株身形百态的胡杨迎着风沙屹立不倒。到了秋天,塔里木河的河滩两岸,胡杨在夕照中发出金色的光芒，映得塔里木河流光溢彩、粼光万道。

南疆的风情随着喀什艾提尕尔清真寺一声安拉的召唤拉开序幕，一直延伸到老城的街道与店铺。从热闹的牛羊市场，到应有尽有的大巴扎，再到维吾尔族餐厅中的美食和木卡姆演奏。盖孜峡谷和卡湖边淳朴、神秘、羞涩的柯尔克孜人，与红其拉甫达坂下真诚、热情、直率的塔吉克人，共同谱写了高原的民族之歌。在莎车的老城区有快乐的孩童，在镜头前不停哄闹着摆出纯真的笑脸；阿曼尼莎罕十二木卡姆的传人，在木卡姆演艺厅尽情陶醉于世代传承的歌声与旋律。和田的人们为玉而狂，这或许是几千年来的传统，而当地妇女擅长的丝绸工艺，却来自遥远的东方。

不能不提的还有千年的遗迹。喀什的班超城记载了班超投笔从戎、出生入死的故事；帕米尔高原和瓦罕走廊记录了法显、玄奘、马可波罗的足迹；公主堡中留下了千年不变的传说；塔什库尔干的石头城埋藏了西陲古国的遗迹。从疏勒、莎车到和田，昆仑山下的丝路南线确凿可寻。随着克里雅河、尼雅河延伸至沙漠深处的圆沙、尼雅的故址，再深入罗布泊有楼兰、小河、米兰的遗迹，它们是几千年来丝绸之路上民族融合与文化交流的结晶。

遗憾的是直到今天这些遗址还暂未对国内的普通游客开放。我们只有随着玄奘东归之路来到和田，在穿过沙漠公路时遥望着沙海深处的尼雅、楼兰，梦想着不知几时，可以奔向那流沙满天的古城怀抱。

喀什：
疏勒遗迹与今日风情

守在艾提尕尔大清真寺

艾提尕尔，意为节日礼拜场所。这座规模宏大的清真寺建于1442年，每到伊斯兰节日这里都挤满了做礼拜的信徒，将前面的广场和街巷围得水泄不通。

大清真寺伊斯兰宫阙式的门楼用黄砖砌筑，一左一右距离不对称的两座塔楼装饰着古朴典雅的花砖，相互呼应又富有变化。进入门楼抬头一瞥，穹庐顶内白鸽飞翔，让人瞬间感到虔敬平和。

清真寺大殿非常宽阔，廊间就能容纳千人。从廊间到内殿都统一铺上了定制的方格地毯，一个方格容纳一位信徒做礼拜。内

殿墙上装饰着伊斯兰风韵的挂毯，六个时钟标注着一天五次礼拜及节日大礼拜的时间，正中的龛形宝座是阿訇讲经的席位。礼拜日时寺内便会挤满了来做礼拜的信徒，更多的人只能在大殿之外甚至寺外的广场上做礼拜了。

　　大清真寺附近的街巷都充满着浓郁的维吾尔族风，到了晚上更加热闹。夜市美食和各样水果让人目不暇接。油润的拌面、水晶的羊蹄、金黄的烧鸡、味鲜的串串香……水果则有葡萄、石榴、桃子、香梨、蓝莓、哈密瓜、西瓜……

　　"桃坞子卡西来！"循着一阵洪亮悠扬的吆喝声望去，一个瓜摊围了一圈人在啃西瓜，西瓜又大又红，我们也凑了上去。好久没有吃到这么甜的瓜了。维吾尔族女孩们看我们也抱着大瓜啃，都乐了。这时摊主的小孙子也用清脆的嗓音跟着爷爷一起卖力地吆喝起来。他们是在吆喝自己的西瓜大又甜吗？

　　晚上九点，我们的注意力又被大清真寺吸引了。寺中传来了"安拉，安拉"的召唤，声音神秘悠长而富有磁性。只见大家从四面八方向清真寺走去。我们知道晚上礼拜的时间到了，却惊讶每个人的脚步是如此统一坚定，让人充满感动和力量。

穿梭在喀什噶尔老城

《大唐西域记》中记载喀什噶尔老城戈壁居多、耕地狭窄,但庄稼生长旺盛、花果繁茂。出产细毡与粗布,擅长织细毯。这里气候温和、风调雨顺。有寺庙数百所,僧徒万余人,习小乘教。

《马可波罗行纪》中记载了喀什噶尔城规模壮丽,居民多为工匠商贾。这里有幽美的园林,有葡萄园,有制造业,棉花产量很大。有不少从此地出去的商人,他们到世界各地去经商。

喀什老城区还保留着原始的风貌。街道两边都是典型的维吾尔族店铺,卖的都是地道的维吾尔族日用品和工艺品,甚至很多东西都是自产自销。比如刀具店,每次走过都能看到店主坐在门前的机器砂轮后面,忙碌地把着刀刃与飞转的砂轮摩擦出阵阵火星。还有金属器皿店,店家总是在一堆火锅、脸盆、铜壶、锡壶后面敲敲打打。专业的挂毯和地毯店经营着羊毛、骆驼毛的纯手工毛毯,店门前缤纷琳琅。

老街的音乐风情随处可见,从街头的卖艺人到餐厅的演艺者,从乐器店的老板到顾客,甚至是街头玩耍的孩童……都能用很专业的姿势把玩这些乐器。热瓦普、都塔尔、弹拨尔、达

普……每种乐器都释放出强烈的节奏感和优美的旋律。

老街的金银饰品店里流行着红金，即铜与金的合金。戒指上都镶嵌有一块硕大的红宝石。在一家店铺前我们买了两个便宜的戒指留作纪念，成交时我也学着维吾尔族人和店家紧紧握手。店家是一个年轻英俊的维吾尔族小伙子，他问我们多大、有没有巴郎子（维吾尔族中小伙子的意思，这里代指儿子），然后很自豪地告诉我他比我小三岁，已经有两个巴郎子了，一个三岁，一个才七个月。

吾斯塘博依路口的茶楼是风格鲜明的两层维吾尔族民居，坐在二楼的廊间可以一边喝茶、一边俯瞰整个老街。

烤肉串的维吾尔族小伙子拿着一片木板在炉边扇风，炉火一下子旺了起来，烟也随风而起占据了大半个街面，与马路对面烤玉米的烟连成了一片。透过烟雾看过去，卡车上的水果摊摆满了新上市的小桃子。不过卡车的生意显然不如边上的地摊好，那里

聚满了人。他们拿起桃子只剥开一小块皮嘴巴就凑过去啃。看这人气，肯定摊主采用了先尝后买的策略。石榴、葡萄、无花果的地摊连成了一条线。板车上的蓝莓如鸭蛋大小，看上去格外诱人，只是等我们下楼板车已经消失在人海中了。不知张骞当年来到西域是否也对这些特产惊讶不已，然后将这些水果的树苗和种子带到了中原。

既然我们居高临下，最先关注的当然是头部。当地的男子大多戴着绿色、黑色的八角帽或白色的小圆帽。而妇女则变化多一些，有的扎着头巾、有的遮着面纱。且说这头巾的扎法也是变化多端，有的在颈下扎，有的在头上扎，也有一部分妇女用头巾将整个头部包住，只露出眼睛。而最神秘的则是用深色面纱完全将面部遮住，这是喀什本地最传统的妇女，据说面部只能给自己的丈夫看。

临走我们买了一个足有十四斤重的大西瓜。终于弄明白卖瓜老人吆喝的"桃坞子卡西来"的意思。"西瓜"在维语中叫"桃坞子"，"请过来"在维语中叫"卡西来"。

走访老城的民居

高台民居是一处建于高40多米、长800多米黄土高崖上的维吾尔聚居区，距今已有600多年历史。

老城民居也是在一块高地之上的迷宫式街区。据说这里是疏勒国的都城所在地。就其土崖的防御性而言，确实是易守难攻。老城、高台、班超城恰为犄角之势，难怪当时纷争战乱中班超能在疏勒经营数十载。

喀什的高台民居与老城民居都展示着古代维吾尔民居建筑和民俗风情。

　　高台民居的房屋是土木砖木结构并存，有的房屋建在街上形成了过街楼。这里的巷道四通八达、纵横交错，我们经常就迷失在这些小巷中兜着圈子，迎来了坐在街边、三次看到我们的维吾尔族妇女们的一堆笑脸。

　　民居中有许多小孩子在巷子里玩耍，见到我们也不怕生，主动打招呼让我们给他们拍照。有一个活泼的小孩子看着我的相机想玩，我蹲下来让他看着取景器、教他按快门。他学会后手舞足蹈，然后拼命地连按快门给另一个维吾尔族小朋友拍照，竟然拍到了一张不错的照片。

　　老城民居街巷纵横交错，房屋鳞次栉比，布局灵活多变，比高台民居更有过之。

　　老城里的民居依旧以砖土木结构为主，但是过街楼更多，岔道数不胜数。开始我们总是走到死胡同，后来遇到一位台湾的游客告诉我们能走通的路其实很好分辨，因为铺路的砖不同。铺六角形砖的路能走通，而铺红砖的路只能到人家。我们试着一走，

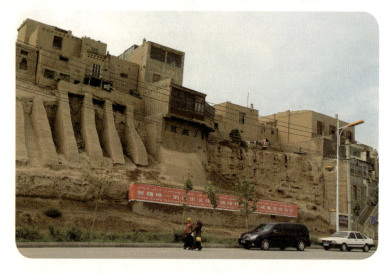

果然没错。老城比高台民居要封闭一些。这里的小孩子脸上充满着无邪与羞涩。

老城民居与高台民居一样让人心痛,这些民居的一部分已经开始拆除了。这些几百年来的维吾尔民居,正是千年来丝绸之路上西域城市结构及民族风情保留下来的为数不多的缩影,可是现在却一点一点地消失。

眼花缭乱的巴扎

牛羊市场是喀什每周日的集市,从路口开始就挤满了人,到处都是牛羊,随处可见买卖双方谈判及握手成交时脸上的喜悦。

赶集日是孩子们的节日,孩子们天生喜欢动物。一个维吾尔族男孩赶着刚买的羊,笑得脸上都开了花。而卖羊人家的小姑娘站在羊群边上摸着一只老山羊,虽然嘴角挂着笑意,但是眼神有些忧郁,看样子是舍不得卖掉这些陪着她玩耍的羊。

这时我们看到一群奇特的羊,长着巨大而盘曲的角。这不是《马可波罗行记》中记载的帕米尔高原上的盘角羊吗?看来帕米尔高原上野生盘角羊数量骤减的同时,帕米尔高原下最大的都市里驯化的盘角羊却进入了平常百姓家。

进入牛羊巴扎才知道这里有明显的区域划分。最大的一块是羊巴扎,边上是牛巴扎,再过去是驴巴扎,而后面有一条空旷跑道的是马巴扎和马车巴扎。马车的主人将马打扮得如同贵族一般。在牛羊巴扎之间有几个并排的棚子,这是现场宰杀牛羊和现炖羊汤的店铺。到这里赶集的人一天都不用带食物,只要到这里喝一碗鲜羊汤,啃一块羊骨,吃一块烤馕,就是美味。只见一位维吾尔族老人喝着羊汤,接着拿出小刀将羊骨上的肉剔得干干净净,吃得心满意足。

在牛羊市场中,脾气最大的要属牛。恐怕他们已经知道自己要被交易的命运,眼睛里充满着哀伤。脾气大的公牛似乎不干了,不时地挣扎踢腿甚至跨过栅栏,引得四周的人过来牵住绳子,与之僵持好一会儿才勉强制服。希望这些可怜的牛羊被买走后都是拿回去饲养吧,别直接去了屠宰场。但是转念又觉得这样的想法有些虚伪,这一路我们都快吃下一只羊了。

第七篇　丝路南线的高原情怀与民族风情

最神气的还是买马的顾客。他们先看看马的牙口，然后一个跃身骑在马上，在跑道上来回试马，最后再与卖家谈价，几个回合下来双方握手。我们在边上摸了摸这匹高头大马，竖起大拇指说"好马！好马！"，新主人乐得直点头。

最后该去铺子里享受羊肉汤的美味了。打一碗喝着怎么淡而

无味？一阵子观察加比划，终于知道羊肉汤是淡的，还需要加一小勺盐卤。最后终于喝到了美味的鲜汤。

听着牛羊巴扎外的三轮车主吆喝着"大巴扎！大巴扎！"，我们与当地人一起坐上三轮车前往大巴扎。

进入大巴扎感觉这里和我们熟悉的小商品市场差不多。一座座大棚子撑起了日用品、服饰、干货、工艺品等区域。

日用品中最吸引我们的是维吾尔特色的餐具和茶具，上面的图案纹饰精美夺目。服饰区缤纷的丝绸、锦缎、毛料、布料都流光溢彩很有民族风。这里水果云集，干货也是上好，看着一颗颗大红枣、葡萄干、巴旦木、大核桃、无花果干……真让人垂涎欲滴。

我们把更多的时间地留在了工艺品区。这里有精致的英吉沙小刀、精美的巴基斯坦铜器、精巧的俄罗斯钢镜、艳丽夺目的首饰盒、丝路骆驼等装饰品，还有总被我们情不自禁拨动的木卡姆

乐器，以及让人忍不住想拿起来擦一下的阿拉丁神灯。那精美的挂毯充满着浓郁的伊斯兰情调，看上去光彩鲜丽，摸起来细致顺滑，踩上去绵柔松软，坐上去逸兴飘然，恨不得它能飞起来。

英吉沙小刀目前大部分已经是机器制造了，但还是保持着精致的外形。有些黑钢的尖刀虽然样子简陋，但却是手工且更加实用。当地人都喜欢用这种刀，再配上一个合适的刀鞘佩在腰间。

一直逛到最里面，我俩都傻了，面面相觑道："怎么连冰箱彩电也有啊！"看来维吾尔族人习惯了巴扎生活，所以家电自然也就在巴扎中落了户。

班超城的千古缅怀

喀什古称疏勒,在西域三十六国中颇具战略地位。西汉时年轻的班超投笔从戎,一腔热血地壮怀感言道"大丈夫无它志略,犹当效傅介子、张骞立功异域,以取封侯,安能久事笔砚间乎?"而后在鄯善,他带领三十六随从深夜突袭匈奴使者的大营,留下了"不入虎穴焉得虎子"的千古佳话。接着他再深入疏勒以盘橐城(班超城)为根据地,先后使于阗、疏勒、莎车、龟兹、姑墨、温宿诸国臣服,终于受封定远侯。而最后的风烛残年,这位镇守边疆、令西域五十余国臣服于汉的边帅深深思念自己的家乡了。他给皇帝上书道:"臣不敢望到酒泉郡,但愿生入玉门关。"

凡读过《后汉书·班超列传》的人,都会对班超传奇的一生叹赏不已。我们在昔日疏勒国的风云下,感受班超深入虎穴,三十一年经营西域的情怀。

而今的班超城只有一些隐约的墙垣,墙垣边上立着班超及出生入死的将士雕塑。看着班超身穿汉服,高冠长髯,手捧书卷向

前走来，显得庄严威武、从容镇定。

班彪培养出两个好儿子，一是班固潜心著史、从笔于兰台之中，一是班超建功立业、从戎于千里之外。人一生的追求自己掌握。"一万年来谁著史，三千里外觅封侯。"

香妃墓的维吾尔族殿宇

> 香妃墓是阿帕尔霍加家族墓，香妃只是这个家族的一员。据说香妃自幼体有异香，被乾隆选为妃子，赐号"香妃"，因不服京城水土病故。民间传言乾隆下令由124人抬运她的棺木，历时三年回乡安葬。

香妃墓门口，有精美的维吾尔族门楼，用幽蓝颜色、缠枝卷草纹饰的瓷砖砌成。陵墓殿宇穹窿形的圆顶高高隆起，顶上的小塔楼与四角的塔楼相互呼应。陵墓前建有精致的清真寺，柱子上的木雕纹饰充满着浓郁的维吾尔族风情。

我们绕到陵墓后面,那里还有一大片的麻扎,估计也是家族墓地的一部分,只是他们的地位不是很显赫,所以只能排在外面了。

金碧辉煌的美食宫殿

喀什的地道美食在如同宫殿般的欧日大和金奥尔达。

欧日大餐厅从外观上看就具有浓浓的维吾尔族情调,餐厅里装修布置都缤纷琳琅。长长的吧台用菱形纹装饰,上面的灯罩如琉璃般夺目。耳畔传来了悠扬的乐曲,没错,是木卡姆。只见大厅的中央有一张维吾尔族的矮床,两位艺人坐在床上,一位手弹都塔尔,一位敲击达普,演奏合拍合律,节奏欢快得让人也想跟着手舞足蹈。

我们在边上的回廊坐下,点了抓饭、酸奶、凉皮、烤肉,然后悠闲地欣赏起欢快的旋律。这里的抓饭和烤肉都十分精致,味道

也很地道。有什么比一边吃着美味，一边听着乐曲更开心的事呢？

再说说原俄国领事馆、色满宾馆对面的金奥尔达餐厅。"奥尔达"在维语中是"皇宫"的意思，所以很多人称之为"金宫"。金宫内俄罗斯风格的楼梯与廊厅回环往复，层层叠叠的灯座如花瓣展开，璀璨的灯光将整个大厅照得金碧辉煌。

本来以为如此富丽堂皇的地方吃饭会价格不菲，但是实际上也只比普通的维吾尔族餐馆贵一点儿。但是这里的环境，还有菜的品质，实在是普通餐厅所不能比的。一份烤羊排、四串烤羊肉、一份抓饭、一份凉粉、一份杏仁包子、两份酸奶，共计89元。羊排的味道实在是美极了，看着馋、闻着香、咬着酥、嚼着嫩、咽着鲜，感觉满嘴都是浓郁的羊肉汁味。这里还有免费的玫瑰香红茶，吃了抓饭和羊排、之后正好喝茶解去油腻，顿时唇齿留香。

帕米尔高原：
到达旅行的巅峰

路过喀什噶里麻扎

　　喀什噶里大约生活在公元1008年—1105年。喀什噶里的祖父和父亲都是喀喇汗王朝的汗。当时喀喇汗王朝为推行伊斯兰教而与信仰佛教的高昌回鹘进行宗教战争。1058年的一场宫廷政变，他的整个家族几乎被斩尽杀绝。他从喀什噶尔逃出后开始了三十五年的"行者"生涯。他翻越天山，在原突厥境内的部落间流浪。突厥在唐朝之前经历了繁荣，但是那时已经衰落，语言也渐渐失传。他收集和考察了这些部落的语言，随后来到巴格达，用七年时间以阿拉伯文写成了《突厥语大词典》。他在书中说，"我走遍了突厥人的所有村庄和草原。他们的语言全铭记在我的心中，我用最优雅的形式和最明确的语言写成此书"。书中汇集了突厥语各民族的语言词目近七千条，引用大量诗歌、传说和二百余条谚语格言，涉及突厥语诸民族的饮食服饰、农牧渔猎、居住交通、医学药物、山川地名、部落部族、婚丧礼仪等，如同一部百科全书。这对研究新疆与中亚的语言文字和文学艺术具有很高的价值。书稿写完之后，喀什噶里将之献给阿拉伯阿巴斯王朝的阿里发阿布，告别巴格达，踏上了回归故乡之路。在喀什郊外的乌帕尔村结庐为舍，以一名乡村教师终老余生。

　　早上醒来拉开窗帘之后立刻从床上弹了起来。我们看到天空中的云正泛着鱼肚白，从云块之间透出了醉人的蓝色。在阴雨中经过了三天的等待，我们从未如此渴望蓝天，今天终于可以去帕米尔了。

　　我们的目光一直望着远方，甚至漠视了沿途的绿洲与戈壁、村庄与行人、驴车与集市。直到司机王姐告诉我们这里是疏附县乌帕尔村，有麻赫默德·喀什噶里的麻扎。

对于这位编写《突厥语大词典》的作者我们当然不陌生，于是决定先去瞻仰这位圣人

的麻扎。站在喀什噶里麻扎的雕塑前，看着他一手捧着厚厚的突厥大词典，一边神情坚定地向我们走来。他的精神在鼓舞着我们用心旅行、忘情游历的同时，还要孜孜不倦地记录。

云里雾间的盖孜峡谷

告别喀什噶里，我们继续踏上西征帕米尔之路。

两边的红色岩壁渐渐收束形成峡谷，峡谷中的河水带着泥石流疾速而下。在奥依塔克谷口眺望，据说里面景色动人，有郁郁的松林偎着险峻的雪山。

公路上出现了一只骆驼，我们追着它来到了河边，竟然发现了骆驼群。环顾四周既没有人家也没有人。在这荒寒的峡谷中竟然有这样可爱而坚忍的动物。想着它们曾经驮着玄奘一行走过这里，我们忍不住凑上前去一阵爱抚。

刚才在谷口天气晴朗，太阳照在身上暖暖的。可当我们进入盖孜峡谷后却发现头顶仍是浓云密布。我们目不转睛盯着王

姐所指公格尔雪山的方向。风吹云涌，一块皑皑的山体如同梦幻般在云层中间凸显出来，而山巅还藏在白云深处。云里行天路，雾间见雪山。盖孜峡谷的云，如同一座巨大的华盖，将忽隐忽现的雪山装点得梦幻神秘；在寒风的吹拂下又如同一道飞练，似乎马上就要变成一道瀑布再从天上泻入到万丈的峡谷中。峡谷愈发深邃，头顶的高山如同犬牙交错，脚下的河水也愈发深陷曲折、触目惊心，滚滚河水奔腾咆哮发出的声音沉郁而雄壮，似乎带着千百年来过往的军队、商旅、僧人胸中油然的赞叹。

一架索桥悬在峡谷上，风吹着来回悠荡。桥对面有三四座低矮的石头屋子，里面住着柯尔克孜人。我们顶着刺骨的寒风，战战兢兢走过吊桥。桥头有两个年轻的柯尔克孜妇女正带着孩子蹲在就地挖的馕坑边做烤馕。她们看到我们过来，朝我们羞涩地笑笑，既没有上前打招呼，也没有招呼我们进屋。小孩子好奇地走过来，我们分给他们两个饼，他们难以掩饰心中的快乐，却依然只是羞涩地笑笑，看看手中的饼就毫不犹豫地开吃了。当我们离开，孩子们也跟过来一直看着我们驶向远方。

这雪山脚下巴掌大的一块地方，

只有四座简陋的石屋,上有雪山压顶、下临河谷万丈,寒风刺骨、雨雪无常,竟然生活着这样平淡朴实的一群人,他们脸上没有一丝的抱怨和忧虑,只有自然得如冰川积雪一样的纯洁微笑。我们看到了这样的笑脸后心中倍感温暖,身上也有了动力,继续向峡谷上方行进。

白沙湖迟到的叹息

我们沿着盖孜峡谷上到布伦口,一路抬头看着公格尔雪山如同一顶厚厚的雪帽。天上的云层已经完全打开,只留下丝丝缕缕在天空点缀。突然眼前一片开阔,一座堆着白沙的山丘临着一潭荡漾的湖水出现在我们眼前。

那一堆堆白沙贴在湖边的山腰横向延绵,贴着对面的雪山。王姐告诉我们由于布伦口是一个峡口,河流中夹带的沙土在这里受到阻碍,同时这里也是一个风口,盖孜峡谷吹来的风将这些堆积在河边的细沙吹到对面的山上,长此以往便形成了白沙山。

记得两年前家人来到这里拍了一张照片,白沙山上的沙如同皑皑积雪一样,比积雪更美的是竟然还带着明显流动的曲线;平静的湖中映着山的倒影,湖边有一位牧羊人在草地上牧羊。当时

前一张照片为我们拍摄的白沙山,后一张照片为两年前家人拍摄的白沙山。

我们问这是雪还是云？结果竟然是沙！这张照片留给我们的印象实在是太深刻了，这里成了我们此行一定要到的地方。

当我们赶到白沙湖畔，那大片的湖边草甸已不知去向。就在我们站在观景台上诧异的时候，下面的推土机响了起来。原来这里要利用盖孜峡谷高落差的优势建造水电站。修建水电站之后这里变了样。白沙湖，我们迟到了整整两年。

冰山的父亲，我们到了

传说很久以前一位柯尔克孜的老父亲为了给他两个女儿治病去取宝镜，一去便是三年。他的两个女儿日夜在山岗上守望，时间长了就化为了公格尔姐妹峰，她们的羊群化成了公格尔九别峰，第四年老父亲回来后看到两个女儿变成了雪山悲痛万分，于是化成了这座冰山之父。他取来的宝镜也跌落到地上摔成两半，化成了大、小卡湖。那雪山下的冰川，或许就是这位老父亲当时悲伤的泪水。也有人说百年以前瑞典探险家斯文赫定从阿富汗翻越了帕米尔高原，来到慕士塔格峰前。斯文赫定问身边的向导那是什么山。向导说"那是冰山，老爷"。由于当地的语言"老爷"和"父亲"是一个词，斯文赫定就在本子上记下了这座山叫"冰山之父"。

离开白沙湖之后我们沿着一弯溪流随着公格尔九别峰而行，前面一座威严的雪山蓦地出现在面前。他的外形再熟悉不过了，一座白发苍苍、白眉垂垂、长髯飘飘的老人山，他的名字叫做慕士塔格峰。

"冰山的父亲，我们到了！"

小卡湖涟漪幽蓝的湖面映着洁白的雪山。随着倒影前行，眼前突然出现了一片深蓝如海的水面，那一眼让我们注定魂牵梦

绕。卡拉库勒湖，又称大卡湖，她紧紧贴在慕士塔格峰前，随着我们与她距离和角度的改变而呈现出不同的色彩。从海的深蓝到天空般湛蓝，再到翡翠般的碧色。这大半面的宝镜，同时照着冰山之父和公格尔姐妹，不知照了多少年。

我们走到卡湖边，端详着海拔7546米的冰山之父开始困惑。因为我们不敢相信眼前的冰山垂直高度有三千米。再看看边上的公格尔九别峰似乎离我们也不远。那冰川沿着峡谷延伸过来，似乎离我们也不过三公里。于是我们贴着卡拉库勒湖向公格尔九别峰最近的冰舌走去。我们满怀信心地走了一个小时，才发现好像只走了四分之一，再试着走了走发现无论如何都很难接近雪线，更不要说冰川了。

我们想明白了，高原的空旷让人完全丧失距离感，看着近在眼前一公里都不到的距离，其实是十几甚至几十公里。也难怪看着面前的雪峰，不敢相信他的垂直落差有三千米。看山跑死马，

我们不做傻马,便赶紧退了回来。

回到湖边的高处俯视卡湖,对着壮美的冰山之父,在触手可及的蓝天和白云之间,恨不得自己也在天空飞翔起来。在这里一切的赞美都是多余,只想在空中飞翔,守在这座雪山边上做一身献花的飞天。

朝夕守着卡湖的晨昏

夕阳西下,万丈的光芒点燃了天边变幻的云霞,映红了巍巍的雪山与幽幽的冰川。卡拉库勒湖少许的平静,映出了公格尔姐妹的眉目倒影,巍巍如斯,也禁不住羞红了粉颊;映出了冰山之父的须发分明,沉睡千年,也禁不住满面红光。

夜幕降临,四面风起,我们回到温暖的柯尔克孜小屋。屋子的主人是一位热情的柯尔克孜妇女,她端来了炉子上热乎乎的奶茶，恭恭敬敬给我们每人连斟了三碗才离开。接着美味的抓饭端了上来。在这样寒冷的高原上，有这样的小屋、这样的奶茶、这样的抓饭，夫复何求呢？

身体暖过来后我们又走到小屋外，仰观雪山魅影间的漫天星斗，这时才发现牛群都自觉地靠拢到了小屋四周。我们也回到小屋在通铺睡下，大家如同一家人躺在炕上。想着明天的日出，期待能看到日照金山的壮丽场景。说一声"帕米尔，晚安！"

天不亮我们就出了门，顿时被新鲜而寒冷的空气激醒。满天皎洁的星星似乎触手可及，雪山在黑夜的光影中分外神秘。我们

迫不及待来到卡湖之畔,想看看那有着鬼怪传说的湖光魅影。

在隐隐的光线下,卡湖的远处完全和山体的黑色连成了一片,显得神秘莫测;而近处渐渐过渡呈灰青色,宛如一面镜子。淡淡的幽光映着冰山之父魁梧的身影。如果说昨天还在怀疑父亲的高度,那么今天的仰视则让我们近乎膜拜。默默地许愿,千年之后,愿冰山之父还是这样的矫健,就如同我们看到的是千年前玄奘所看到的景致一样。

东边的一抹红霞渐渐明朗,湖边的大雁都迫不及待从草滩起身,鸣叫着飞向霞光。这时四周的雪山分明,慕士塔格峰、公格尔峰、公格尔九别峰都戴着雪帽、穿着绒衣盛装登场。而身后一座山峰新雪初积,亦如披上一层薄纱,同样鲜丽照人。

霞光一点一点地扩大,突然公格尔九别峰顶如同火炬般被点燃了,还带着燃烧升华的云气。我们终于迎来了帕米尔高原的日照金山。

接二连三地公格尔九别峰、公格尔峰、慕士塔格峰都被照亮了,从红透到金黄,从水墨的素影到渲染的油画,四周都是流光溢彩的世界。这时风也乍起,吹开了卡湖的镜面。这时我们才恍然发现刚才夜色中湖面平静的青灰色镜面竟是一层薄冰。

徙多河畔，石头城前

塔什库尔干在汉代是蒲犁国之地，"渴盘陀"一名于正史中最早出现在《魏书·世宗纪》内。而后唐代在这里设葱岭守捉，清代这里设蒲犁厅。这里处于丝路南线的战略要地。在古代，疏勒与莎车通向帕米尔高原的路在这里交汇。无论是昔日明铁盖达坂的瓦罕走廊，还是今日的红其拉甫口岸、卡拉苏口岸都通向这里。这座城堡扼守着徙多河谷，控制着往来的通道。

翻过"冰山之父"边的达坂，在接近塔什库尔干县的时候，迎面一条河流注入东边的支谷。这是通往大同乡、莎车的塔莎公路入口。玄奘返程时经过的徙多河便是这条河。徐松的《西域水道记》也记载了这条水道。

但是今天这条公路由于地势险峻、路况不好，遇到雨天连越野车也很难通行。所以我们要去莎车，还必须取道喀什多绕两百多公里。

正是由于交通不便，峡谷中的大同乡成为了世外桃源，塔吉克人在这里建立村镇繁衍生息。五月间美丽的杏花开满一路，到了夏天这里的杏子甜美无比。如果路过这里，当地的塔吉克人一定会从树上摘一捧杏子送到你面前。这里与昆仑山一样还出产美玉。帕米尔高原与昆仑山相去不远，或许昆仑的玉脉一直连到了这里。

溯着徙多河来到塔什库尔干县。县城不大，街道干净整洁。塔吉克是一个非常友好的民族，他们见面都行亲吻礼。年轻的塔吉克女孩穿衣颜色鲜艳，戴着帽子扎着红色的头巾。年纪大些的则穿着深色衣服扎着白色头巾。

在去石头城的路上看到了两公里长的土台，很多民居就建在土台之上。沿着土台来到石头城下，仰望高台上那些虽然残破但规模仍在的几叠墙垣，围成了一座高台上的巍峨城堡，在朝阳的照耀与雪山的掩映下显得沧桑雄壮。城堡内乱石堆砌，城基还保留着清代蒲犁厅城的规制。

虽说这里是渴盘陀国的都城，但这座石头城周长不过一千三百米，应该不是渴盘陀都城的全部，很可能是国王居住的内城。根据《梁书·诸夷

列传》中"所治在山谷中，城周回十余里"，以及《大唐西域记》中"国大都城基大石岭背徙多河。周二十余里"来看，前面一路经过的土台或许才是昔日渴盘陀国的城墙。

石头城占据着高处，视野非常好。城墙下面是一片宽阔的草滩，溪流分成多股浸透着，形成了草滩湿地。这里是牛羊和马儿的乐园，它们随处可以享用清冽的溪水和丰美的水草，沐浴在金色的阳光下。

行走瓦罕走廊的入口

瓦罕走廊连通着中国与阿富汗地区。进入走廊不远的山上有一座公主堡。《大唐西域记》中记载公主堡的来历。很久之前波斯国王向中原王朝求婚，在迎接公主到达此地时恰逢兵乱，进退通道全部断绝。为了保证公主的安全，使臣把公主安置在一座极为高峻的孤峰上，搭设梯架攀上爬下，并在四周安排卫队昼夜巡逻。过了三个月战乱才平息。就在使臣准备护送公主回国的时候，却发现公主已经怀孕。惶恐万分的使臣问遍随员也无法找到公主怀孕的原因。最后公主的侍女告诉使臣说，在这三个月中每至正午都有一天神骑马来与公主幽会，所以公主怀孕了。面对这种情况，使臣与众人觉得这件事无论如何也解释不清楚，如果回去了大家必死无疑，不如就在这孤峰之上建官馆、筑城池，立汉家公主为王。不久公主生下一子，容貌妍丽，长大之后继承了王位，文德武功声名远扬，邻邦异国纷纷归顺，王位世代相传。这就是渴盘陀的建国传说。

溯着一弯清碧的河流一路向着红其拉甫南行。经过一处状似佛塔的古驿站遗迹，我们再次投入雪山深处。天边的云霞渐渐聚拢，与湛蓝的天空、皑皑的雪山、路边的草甸和牦牛、骆驼组成了一幅美丽的高原画卷。

向西的一道峡谷深深吸引着我们的视线，那是瓦罕走廊、明铁盖达坂的入口。在记忆中法显从这里走向天竺，玄奘从这里自天竺归来，高仙芝的远征军从这里西征，马可波罗从这里进入中国，乾隆的军队从这里经过并留下了碑刻。直到近代欧洲的探险者们以探险考察为名从这里出入，带走了大量文物。

我们知道瓦罕走廊的艰难，公主堡也不可能轻易登上。但是想着《大唐西域记》甚至是斯坦因考古笔记中的记录，心中仍然难以释怀。看到路边戈壁上的骆驼，多想下了车骑上骆驼，今天就一直走向瓦罕走廊。最接近谷口的时候我们向王姐示意停车，在公路上慢慢走了一公里。我们一边走一边深情地看着峡谷，想

记住这巍巍绵延的山势和悠悠延伸的峡谷,这是法显的去路、玄奘的归途,马可波罗的来路……

红其拉甫的风雪毡房

告别了瓦罕走廊的入口,车一路上行,刺骨的寒风几乎可以将人吹倒。红其拉甫达坂的峡谷中层层叠叠的雪山,一直延伸到白云深处,一弯流水从峡谷蜿蜒流出。整块的云从峡谷压过来,一会儿便天阴了。

界碑前的风吹得我们浑身发寒。十分钟里风云突变,从晴天变成了风雪连天,鹅毛般的雪片迎面扑来。我们只能远远地看到巴基斯坦的兵站,整个达坂的山形地貌全都藏在了云层和茫茫白雪之中。

帕米尔的风云变幻让我们始料未及,仿佛从初夏到了隆冬。原路下山时整个峡谷都下着鹅毛大雪,而当我们下到谷底时却发现远处一片晴朗,冰山之父清晰可见。

回去的路上王姐说带我们去塔吉克毡房看一位老朋友。我们

在主人热情的招呼下进入毡房。一家人都过来看我们，尤其是家中两个二十岁左右的女儿，更是掩饰不住羞涩与好奇。主人拿来奶茶、酸奶、馕招待我们。这里的酸奶是帕米尔高原上的牦牛奶做成，自然香醇美味。

两个女孩似乎渐渐和我们熟悉了，凑过来不时偷看我们一眼。或许她们有意展示自己的才艺，小女儿拿起针线刺绣，而大女儿拿着大杵子打酸奶。我们还是第一次见到制作酸奶的过程，于是好奇地凑过去看。大女儿看到我们在注意她，脸上绽放出了美丽的笑容。

主人和王姐已经很熟悉了，问王姐有没有带好东西。他说想要一副眼镜，还想要一个手机。看来塔吉克的牧民也向往这些城市里的东西。据说伊斯兰教的信仰认为礼物是真主的恩赐。

**莎车：
难忘木卡姆和老城的孩子**

拜访莎车阿曼尼莎罕陵

阿曼尼莎罕生活在公元16世纪。她生于一个平民艺人的家庭，热爱诗歌与音乐，据说十四岁时就会作诗编曲。当时的叶尔羌国王对她一见钟情，她从灰姑娘变成了王妃。随后她遍访社会艺人、诗人、民间歌手及演奏家，将当时口头流传的民间诗歌木卡姆进行分类和编组，整理创编出集维吾尔古典音乐之大成的《十二木卡姆》，使民间音乐成为系统严谨的曲目并稳定地传承下来。

莎车是个令人向往的地方。从喀什经疏勒县，沿途的农贸市场非常热闹。在英吉沙县看到卖小刀的店铺一家连着一家。而后沿途的戈壁渐渐变成了绿洲，接着迎来了一汪湖泊。湖泊在正午的阳光照射下发出耀眼的光芒，映着远处的雪山绵延一线，卷着厚厚的云层铺盖，显得威武雄壮。湖中的雪山倒影经过微风与水波的妙手加工，更显得婀娜多姿。一望无际的雪山盖着厚厚的千年积雪，山峰间是宽广的冰川。

这便是赫赫有名的昆仑山。丝路南线正是依靠昆仑山北麓融雪滋润的绿洲进行补给。融雪灌溉着一路的良田，那交错的水渠是否从汉代开始一直沿用至今呢？

来到莎车我们打听到阿曼尼莎罕陵的位置。一座精致的四方形伊斯兰宫殿式建筑立在莎车王陵旁。半圆屋顶、两重屋檐、四面雕柱，墙上贴着青花瓷砖。据说古朴典雅的宫殿墙上镶有木卡姆的十二套曲名。纪念馆的穹庐下，精美细致的丝绸裹着不朽艺术家的麻扎。

阿曼尼莎罕，你在这里安息吧！明天我们将拜访你的传人，演绎你留下的不朽乐章。

沉醉于十二木卡姆之声

据说全疆只有哈密和莎车有木卡姆演艺中心。我们进入新疆的第一天就邂逅了木卡姆,只是当时没有准备,精彩的演奏和表演来得既突然又急促。随后我们将希望寄托在了曾经音乐冠于西域的库车,但是最后一无所获。接着到了喀什,在餐厅听到了美妙的乐曲,在老城区看到了街头艺人的演奏,我们也在正宗的民族乐器店拨动了木卡姆乐器的声弦,但是总觉得缺了点儿什么。是的,我们缺少一场原汁原味的、由木卡姆传人进行的演奏。现在只有将希望寄托在莎车,十二木卡姆的发源地。

我们赶到木卡姆演艺中心。还没进门就听到了悠扬的演奏声。进门发现演艺大厅的陈设很简单。正对门口的舞台只有几级台阶,上面仅铺了一层地毯。大厅的四周墙壁上展示着木卡姆风情及乐队全国演出的照片。

地毯上已经坐了六位身穿长袍正在排练的木卡姆艺人,而观众就我俩。

  我们在热烈的曲调中仔细打量这个乐队。其中一位黄色大褂银白胡须的老爷爷显然是核心人物,他正拉着萨塔尔,在墙上的照片中他可是"名角"。三位大叔拨弄着热瓦普和弹拨尔,一位戴着红色头巾的大娘轻摇着一对沙巴依,一位身穿紫色条纹大褂的老爷爷敲击着达普。当他的达普被新加入的乐手拿去时,他空着双手四望了一下,最后很调皮地看了我们一眼,站起身迈开了舞步。这个舞步和我们在哈密看到的一样,随着节奏气定神闲、从容不迫,抬手、旋转、跺脚、弯腰……老爷爷享受着节奏的变化,我们享受着他的气度,要不是这惊喜来得太突然,要不是这时光溜得太快,要不是我们太贪恋这专为我们二人而设的表演,我们早就加入了老爷爷的舞蹈,哪怕扰乱了这完美的节奏。一曲终了,老爷爷很绅士地谢幕,我们疯狂地鼓掌,大家都笑了。

  中场休息,大家招呼我们进入舞台。他们都不会说汉语,不过这又有什么关系呢?他们和气地看着我们摆弄各种乐器,比划着告诉我们拿乐器的标准姿势。我们学着他们跪坐在地上敲着达普,大家又笑了。

人到齐了，舞台上坐成三排，阵容扩充到了18人，中间还有一个敲达普的小男孩。正式排练开始了。只听舞台上传来了深情嘹亮的独唱声，那声音如同昆仑山的积雪一样淳朴浑厚，如同叶尔羌河一样绵延婉转，如同莎车绿洲一样宽广辽阔。接着那位黄大褂名角老爷爷弹起了委婉悠扬的萨塔尔，那声音如同昆仑山的冰川一样透明清澈，如同叶尔羌河一样淙淙曲折，如同莎车绿洲一样生机勃勃。接着大家同时演奏，热瓦普、弹拨尔、达普、沙巴依一并加入，独唱的演员止住歌唱弹起了弹拨尔，名角老爷爷放下了萨塔尔，换上了艾捷克，也加入到合奏当中。每个人脸上都带着陶醉忘我的神情，旋律越来越欢快，越来越奔放，最后大家一起合唱起来。起伏的旋律、跳跃的节奏，我们竟然也跳起舞来。就这样不知道过了多久，或许我们没有意识到时间的流逝，演奏进入到了尾声。大家都将乐器悬着，顿时再次安静了下来，那位独唱的演员开始煞尾了，当他悠扬地唱完最后一曲，那余音回荡在我们耳边，激荡在我们心上，从来就未曾停歇。

莎车老城的孩子们

《大唐西域记》中记载莎车都城周长十余里,南临徙多河。土地肥沃、庄稼茂盛、林木葱郁、花果繁多,出产白玉、墨玉、青玉等各色玉石。寺庙十余所,僧徒将近千人,习小乘教。

行走在莎车老城的街巷,虽然是在异乡,我们却有一种回到家乡的感觉。小时候住在弄堂里,邻里之间的距离不过一堵墙;出了门走几步就有各种小摊小店,卖什么的都有;而街道上除了午休时,都持续着热闹,自行车的叮当声、小轿车的喇叭声、小孩子来回的嬉闹声、小贩的吆喝声、远处不知什么地方传来的定点报时声、妈妈叫孩子回家吃饭的声音……这一切情景,如今又出现在我们眼前,却是在这座遥远的西部小城——莎车。

不同的是,这里的民居是原汁原味的伊斯兰老民居,有着更加鲜艳的色彩;崭新的婚车在欢快的木卡姆声里慢慢行驶在狭窄的街巷,后面跟着喜庆的人们;每条街道都有一个清真寺,只要时间一到人们就聚在这里礼拜,即使是白天也没有谁空缺;这里有赶着驴车的老大爷,戴着绣有四枚巴旦木图案的黑底白花帽,气定神闲地挥着驴鞭;这里还有快活的店老板,冲着我们的

镜头摆姿势,乐呵呵的不知是夸我们拍得好还是暗自得意自己长得帅;还有乘着电动三轮的当地人,冲着我们挥手,待我们拍完照笑嘻嘻地再一挥手就随着车走远了,连照片也不看……沐浴着温暖的日光,我们相视而笑。

那天是周六,老城里随处

可见玩耍的孩子们。我们首先被一辆电动三轮车给拦住,驾驶员竟然是一个看上去才八岁的小男孩,乘客是两个比他还要小的小男孩。他们摆好姿势冲着我们大叫"Hello",看我们拍了照,说了声"谢谢",就熟练地把车开走了。

走过老城的加米清真寺,我们又"遭遇"了四个小男孩和一辆崭新的自行车。他们看到我们拿着相机,有点犹豫地走过来,用不熟练的汉语说:"可以给我们照相吗?"这可是求之不得!四个男孩欢天喜地,争先恐后地抢镜头,摆着各种夸张的姿势,看到照片后和我们笑成一团。他们不要糖,也不要钱,只是不停地说谢谢。这群小家伙骑着那辆自行车,一路追着接连截下我们三次,每一次截下我们都会招引更多的孩子聚过来,每一次都像过节一样开心。他们在镜头前面摆出各种各样的表情,装酷或装傻,大笑或嘟嘴,我们都乐坏了。

骑自行车的小男孩汉语说得不好,他托另一位汉语好一些的

女孩传达了希望能保留一些照片的愿望。可是他说不出自己的家庭地址，于是我们交换了QQ号，答应当晚通过QQ把照片传给他，他还特意嘱咐让我们不要用中文而用英文和他打招呼。可是似乎是他把号码弄错了，至今我们也没有和他联系上。

莎车，是个让人想要再去的地方，可又是何年呢？

赶集就到大利巴扎

我们在老城打听莎车周日的巴扎，友好的维吾尔族首饰店老板对我们说："赶集就到大利巴扎，那里什么都有，人太多了。"

"大利农贸市场"的招牌前人络绎不绝。首先看到的是拖拉机等大型农用工具的卖场，随后才进入我们熟悉的农贸市场。开始的一条横街都是炸鱼块的摊位。如果说在喀什的牛羊市场流行的美食是羊肉汤的话，这里则毫无疑问要让位给炸鱼块了。长长的草鱼切成大块放在油锅里炸，出锅的时候香酥可口。大家都坐在棚子里，双手拿着鱼块大口地啃。啃鱼啃干了，自然有边上的水果摊，一块钱一片的哈密瓜、伽师瓜、巴音王，一刀下去水直滴，实在是诱人。炸鱼加蜜瓜，这样的美食搭配实在是令人羡慕。从那么多的草鱼看来，由于有昆仑雪水和叶尔羌河的滋润，这里不缺水草丰美的沼泽、湖泊和鱼塘。

市场上最活跃的还是牛羊马市，与喀什牛羊巴扎不同的是这里多了一种动物——骆驼。这里已经是南疆的腹心地区，戈壁和沙漠也渐渐多了，在未通公路的乡村之间，短程的运送货物似乎骆驼还有用武之地。马儿还是那么可爱，在我抚摸马儿的时候，调皮的莎车小伙子竟然将我放到了马背上，然后驾着马兜了一圈。我被马的跳跃吓到了，那个小伙子倒是嘿嘿地笑。牛羊马市另一边是日杂百货的摊位，有衣服、头巾、饰

品、毯子、窗帘，甚至连竹竿、木头这样的建材也看得到。

和田班车上的向西礼拜

从莎车到和田四百五十公里，沿途经过泽普、叶城、皮山、墨玉。

车一路向东南行驶，沿途都能看到当地农民悠闲地驾着驴车。过了莎车绿洲，看到了静静的叶尔羌河。经过泽普之后便又是一望无际的戈壁了。戈壁上的公路在地图上看大体上是笔直的，但实际还是曲折的，不过那是纵向的曲折。公路随着戈壁在舒缓地上下起伏着，宛如海中摇着波浪。

在叶城经过一个很大的集市，这里的石榴又大又红，看样子就知道很甜。集  市上的驴车是当地人主要的交通工具，赶完集大家都坐上了这样的公共交通工具。一个驴车可以坐10个人，快赶上小面包车了。

过了叶城我们不停地向南张望，终于看到一块路标指向南边，上面写着"阿里"！没错，是新藏线的零公里里程碑处。车子在这个路口一晃而过，而我们的眼睛一直盯着南边，想看到路的尽头。我们知道那一头连着西藏，默默许愿有一天要从这里到拉萨。

再过皮山，车子仍然行驶在戈壁间。就在天将要黑下来的时候，车突然停了。司机也没有说一句话，只是打开门，大家心领神会地下车，有的人开始脱衣服，我们不知所措地纳闷。只见脱了衣服的人把衣服放在脚下，接着大家朝着西边太阳落山透出霞光的方向拜了下去，看看表正好是晚上九点。我们被这无声的虔诚深深打动了。

和田：
寻找丝路的丝绸与玉石

神游和田的丝路遗迹

和田古称于阗。《大唐西域记》中记载于阗有一大半是戈壁、耕地狭窄，但是适宜种庄稼、出产各类水果；这里善于纺织粗绢粗绸，出产细毡和细毯，又产白玉、墨玉。这里气候温和，但多旋风沙尘。居民知礼义、性温和，好学而多技艺。百姓富裕、安居乐业、喜爱音乐、热爱歌舞。人们很少穿粗布、皮毛、毡一类的衣服，多穿着粗绢粗绸的衣服。举止彬彬有礼、遵守各项法令。寺庙有百余所，僧徒五千余人，多习大乘法教。

和田最有名的古迹当属约特干遗址。遗址原是公元3~8世纪于阗国的一处辉煌的佛教建筑群，并且传说每座神圣的建筑物上都包裹着金叶。可惜斯坦因等探险大盗蜂拥而至，窃取了大量的文物。斯坦因的笔记中有不少看得让人心痛的文字和图片。

在和田以北的沙漠中还有丹丹乌里克佛寺遗址，出土了精美的壁画。壁画风格曲铁盘丝，具有于阗画派创始人尉迟乙僧父子的技法。尉迟乙僧作为于阗国的王族来到中原，被唐太宗授予宿卫官，后又袭封为郡公。他很可能既是于阗国的特使，也是人质。他将西

域的绘画方法传到了中原并发扬光大。

　　唐代传丝公主的木版画便是在丹丹乌里克被斯坦因发现。画中一位侍女用手指向大唐公主的帽絮,而她们面前放着蚕蛹。这位中国通看到了这幅古老的木版画后欣喜若狂,在笔记中将这个发现与《大唐西域记》中的故事联系了起来。

　　在《法显传》和《大唐西域记》中描述的寺庙今天叫什么名字?究竟在哪里?我们想去和田地区博物馆了解清楚,结果据管理员说博物馆正在装修,只看到了紧闭的大门。

　　和田其他几处景点倒是轻松愉快,概括起来是三树王、一长廊。三棵树王是核桃树王、无花果树王、葡萄树王,其中560岁的核桃树王年龄最大,一长廊即为葡萄长廊。除了核桃、无花果、葡萄之外,和田的大石榴也很有名。和田的大石榴估计来自于昨天经过的叶城,个头大、颜色鲜艳、粒粒饱满、晶莹剔透、汁多且甜。

和田巴扎的绚烂头巾

　　一大早我们沿着老街前往和田市集贸中心——和田大巴扎。
　　在去大巴扎的加买路上看到穿着风衣的维吾尔族大叔风度翩翩地骑着高头大马奔驰而过。路口聚集着成堆的大南瓜,在一家干果食品店中有个头如柿饼一样的无花果干,这么大的无花果干究竟是多大的无花果才能做成呢?
　　在台北路口,有一座规模很大的清真寺。从雄伟古老的砖雕门楼上看,应该也有百年历史了。这里是地道的维吾尔族居住生活区,街道上有很多店铺,主要是卖水果、羊肉和馕的,沿途还有一些有了年头的维吾尔族餐厅。大巴扎里面多是日常用品,

---

照片为斯坦因发现的传丝公主木版画,图片来自"数字丝路"网站(http://dsr.nii.ac.jp)

也有干果、衣服、丝绸、地毯,再远处是五金类商品和生产工具。只是今天不是赶集日,所以很多店铺门都关着门,远没有周日那么热闹。

巴扎中不时有穿着绚烂的丝绸长裙、扎着艳丽的丝绸头巾的维吾尔族妇女迎面走来。这里最吸引我们的是头巾。几乎所有的当地妇女都戴着美丽的头巾,只是戴头巾的样式千差万别。

大部分年轻的和田妇女将头巾包在头发上,露出整个脸庞和脖子,头巾在脑后垂下一个髻子。也有一部分妇女将头巾包在头上,盖住脑后,然后在下巴的位置打一个结,只露出脸庞。还有一部分妇女直接戴着深色纱巾做的头套,这样戴上取下都非常方便。

而用绚烂的彩色头巾包住整个头部,将脸蒙住、只露出一双动人眼睛的,是和田最神秘的美。据说和田乡间流行着画眉毛的风俗,女孩将眉毛画成连在一起。这或许是最传统的风俗,而最传统的头巾扎法是只露出眼睛，不知头巾之下她们的眉毛是否画在了一起呢？

可以想象在丝绸之路的历程中，丝绸巨大的利润使各国都梦想着自己能够生产丝绸。在唐代丝绸工艺终于传到了西域，和田成为丝路上同时拥有丝绸和玉石的产地。如今"艾提莱斯"是和田手工丝绸名牌，丝绸的图案鲜明亮丽、绚烂多彩，充满着特色的民族风，丝绸的维吾尔族小花帽非常可爱，头巾摸上去的感觉与苏杭的丝绸难分伯仲。

河边寻觅疯狂的石头

和田的昆仑玉自古闻名，每个到和田的人都应该到玉龙喀什河畔，去寻觅属于自己的那一块石头。尽管那可能不是一块玉石，却是一种纪念。我们因此赶到玉龙喀什河大桥边。

玉龙喀什河源于昆仑山，流入塔里木盆地后与喀拉喀什河汇合成和田河。玉龙喀什河里盛产白玉、青玉和墨玉，自古以来是和田出玉的主要河流。人们拣玉主要在中游，上游因地势险恶很难到达。但是玉石让人疯狂，据说现在上游都有人用挖土机挖山找玉。

大桥边有一个玉巴扎。顾名思义，这里是专门交易玉石的集市。在巴扎的门口就看到聚成一堆一堆的人，他们在品鉴玉石，讨论玉石的成色并议价。也有专门的门市店卖着成品的玉器，还有地摊上卖着只经过简单打磨及钻孔的玉石。

从玉龙喀什河的新桥到老桥之间，整个河床上都是层层叠叠的卵石，许多人在河床中眼睛盯着石头走来走去。河床中的人一直延伸到河两端的尽头。寻到昆仑玉当然是小概率事件，但是一旦幸福降临找到一块子玉，那可真能卖到一个天价。所以那么多人成天在河床里走着挖着。有人甚至将铺盖带到了河床中，他们拿着铲子挖到有一人深，估计晚上就在坑边裹着铺盖露天睡觉了。不知道为何这里的玉还没有被挖完。

我们也下到河床中漫步，一边走着，一边看着脚下。接着又在河中摸索，一把一把捞出石头挑拣。结果当然没有发现玉石，只找到一些或晶莹、或鲜丽的石头。

凭我们的眼光估计就算有玉被我们挖出来，可能也会以为是一块石头而随手扔掉。看着挖玉人都恭敬的朝着夕照的方向拜下，才意识到已经九点了。在这样的氛围下，我们也变得疯狂，捧了块形似墨玉、重达五斤的大石头，还有好多白色晶莹的小石头满载而归。

经过尼雅河，邂逅野驼群

我们乘着下午两点和田到库尔勒的卧铺大巴。车子从玉龙喀什河新桥开过，一路向东行驶在戈壁与沙漠间。我们就要经过漫长的沙漠穿越。从和田到库尔勒1000多公里，卧铺汽车需要行驶14个小时。虽然我们想在民丰和塔河停留，但是那里交通不便。和田去轮台、库尔勒等地的班车都只有下午才发、次日早上到，估计是司机贪图沙漠公路夜间的凉快吧。

躺在狭窄的汽车铺位上，在戈壁、绿洲、沙漠间穿梭，不分昼夜。

路是一样的单调，而天气则变幻莫测，从和田出发时万里无云，在路上也是炎炎烈日炙烤着。经过洛浦、于田之后云渐渐聚集起来，过了克里雅河竟然狂风骤起、阴云密布，路边的骆驼刺在剧烈地晃动。接着豆大的雨滴密密打在车窗上。我们看到远方几个黑点，随着车子越开越近，黑点越来越大，我们不敢相信自己的眼睛，那竟然是沙漠中的一群骆驼。它们正顽强地与风雨对抗。看看方圆几百里没有人家，这群骆驼一定是戈

壁沙漠中的野骆驼群，靠着骆驼刺和泉水顽强地生存。

　　车子开出了雨区，天气又渐渐晴朗起来，但是此时已经行驶了五百多公里，接近日暮。车子在检查站停下来，大家纷纷下车。

　　我们看到前面一百米处有一座桥，下面隐约有一条河。在这样的戈壁中，有一条河是多么难得，一条河就意味着生命。这么长的桥，那河床一定不小。我们如同着了魔一样向桥头走去，接着看到了牌子上的字"尼雅河大桥"。

　　原来这就是尼雅河！从昆仑山脚下流到这里，然后转过民丰县城，再向尼雅遗址的方向流淌，直到最后消失在塔克拉玛干沙漠中。

　　由于这里还处于尼雅河的上游，水量还算丰沛，尽管河面只占到河床二十分之一都不到的宽度。那么宽的河床或许是因为季节性河流在冰雪融化的丰水期形成的，也可能是河水侵蚀戈壁慢慢迁徙而留下的轨迹吧。

遥遥思念的尼雅和楼兰

《汉书·西域传》中记载精绝国有480户，3300多人口，500兵马。西通扜弥460里。

《汉书·西域传》中记载楼兰国去阳关1600里。1570户，14000多人口，2900多兵马。地多戈壁沙卤，少农田，粮食多依靠邻国。出产玉、芦苇、红柳、胡杨。百姓随着水草放牧，有驴马，多骆驼。

　　经过尼雅河我们更加思念尼雅与楼兰两座古城。可惜这两座著名的古城至今未对国内游客正式开放，我们只有在沙漠公路上朝着这两座遗址的方向凝望。

　　先随着尼雅河北望尼雅。尼雅是西汉西域三十六国中精绝国的都城，当时尼雅河流经尼雅形成绿洲。精绝人口只有3300多人,士兵500人。但是这里当着丝路南线的孔道,所以《汉书》、《后汉书》、《魏书》中都有提及。尼雅遗址以一座佛塔为中心,沿古尼雅河道分布,其间散落房屋居址、佛塔、寺院、城址、冶铸遗址、陶窑、墓葬、果园、水渠、涝坝等各种遗迹。尼雅出土的文书记载了精绝国政治、经济、法律、交通、习俗等资料,这些文书让二十五史上只有概括记载而没有故事的精绝国变得生动起来。

尼雅被遗弃的时间是在公元4世纪。尼雅在1901年被发现时,埋在沙中的街巷、官署、房屋都还保留着原貌,并没有发现战火的痕迹。通过官署文书的放置、民居家具的遗存来看,也许尼雅人匆匆离开,还以为不久能回到这里。或许他们是惧怕战争而被迫离开,但更可能是因为尼雅河的水量减少或者改道,让尼雅人被迫向南边的上游迁徙。

尼雅、圆沙等位于汉代丝路南线孔道的古城,距离现在的南疆公路有100多公里,可见2000年来丝路南线的南迁轨迹。

当我们经过民丰,看到且末的路牌时,我们又不停地东望楼兰。在汉代楼兰虽然人口只14000,兵马不过3000,却处在汉代丝路南北两线的交汇点上。这里是傅介子和班超等热血男儿建功立业,"直为斩楼兰"和"不入虎穴、焉得虎子"的战场;在唐代"楼兰"是遥远的沙碛遗迹,却成了边塞诗人不斩不还、不破不休、难以割舍的情结;在近代"楼兰"是外国人探险发现、掠夺文物的天堂,成了伤痕累累的辛酸过往。楼兰的"三间房"、"李柏文书",以及"小河墓地"曾一次次触动我们……而今的"楼兰"对于我们,还似乎是一个无法企及的念想。

楼兰在公元4世纪的上半叶被渐渐遗弃,现存的建筑主要有佛塔、三间房、城墙、台基等。覆钵式的佛塔受印度影响,废墟中的木质雕梁显示出古希腊和古印度犍陀罗艺术特点。楼兰出土的来自中原的丝绸和织锦颜色极其绚丽,而羊毛织品则体现出了

较为鲜明的本地特点，同时图案受到了西方的影响。楼兰文书中涉及屯田、修渠、积粮、军备等细节，以及玉门关到楼兰、穿越罗布沙漠的路线，同时也提到了西去焉耆的道路；私人信件揭示了当时的生产生活与贸易往来。《李柏文书》是前凉唯一有史书可证的文书遗迹。李柏是前凉时的西域长史，文书为其于公元328年给焉耆王发信函而留的两份草稿，印证了西域长史与焉耆王的联系，以及当时西域的风云战事。楼兰文书除了具有史料价值之外，也具有书法研究价值。成熟的行书在楼兰被使用，章草及隶书向楷书过渡时期的书体也很丰富。

楼兰附近的米兰遗址曾是汉代屯田的伊循城，在唐代这里为吐蕃所据。斯坦因在考古笔记中记录了米兰一带有水渠的遗迹，以及在佛寺遗址发现"天使之翼"的经过。

楼兰更著名的还是罗布泊地区发现的墓葬和古尸。3800年前的楼兰人眼大窝深、鼻梁高窄、下巴尖翘，具有鲜明的高加索人种特征。"楼兰美女"又让这片神秘的地域除了有沸腾的热血、壮怀的诗篇、辛酸的悲情之外，更多了一瞥惊艳。

黑白照片为斯坦因盗窃楼兰文物的现场，图片来自"数字丝路"网站（http://dsr.nii.ac.jp）

夜幕中的沙漠公路行

玄奘东归的最后一段是从和田经过尼雅、且末、楼兰而到达敦煌。《大唐西域记》中描述了穿越沙漠的经历：从尼雅东行进入大流沙，沙随风流动聚散淹没足迹，人多会迷失方向。四顾茫茫，只能以人畜的遗骸堆积起来作为指路的标记。一路缺水草、多热风，热风扬起时人畜就容易昏迷而病倒。时闻歌声、呼啸声、哭号声，却恍惚不知声音来自何处。因此多有丧亡，或许是鬼魅作祟所致。

　　车经过民丰，太阳已经落在了地平线下，淡淡的余光照着前方的路牌：一直向前东行可以到达且末，而向北即为通向轮台的沙漠公路。

　　沙漠公路开始还有一片绿洲湿地，成群的羊儿在这里吃草。边上便是一座沙丘，丰满流畅的沙丘线划向了无穷无尽的远方。公路另一边是成片的胡杨林，此时的胡杨已经有了秋色，招展着婆娑的身姿。不知这样的好身姿需要经过多少次沙漠狂风的洗礼

才能塑造成呢？

公路随着沙丘上下起伏，极有节奏感。每隔一段距离就有一个临时停车的休息站。路的两边整齐种植着骆驼刺，下面有一根皮管子连缀着。这是为了保护路基和路面，人工种植骆驼刺的灌溉水管。在这样的公路上穿行沙漠已不再恐惧。

天色一点点暗了下去，我们依旧看着窗外，朦胧的沙漠魅影连着墨一样的天空。汽车的前灯只能照到前面起伏不尽的路。对面偶尔有车灯打来，照得眼前一片茫然。不知道这样过了多久，我们不知不觉睡着了。

半夜车停在了一处热闹的镇子，这时才不过12点，很多餐馆还未打烊，不少游客在这里喝着啤酒聊天。看路牌是塔中，沙漠公路中间的补给站。

车又将我们带向了黑夜，而黑夜将我们带入了梦乡。在进入梦乡前我们看到公路两侧的骆驼刺没有了，自然灌溉用的皮管子也没了，两边都是沙漠。不知又过了多久，朦朦胧胧听到有人要下车，睁开眼睛又看到了一处镇子，路边一块牌子写着"塔河加油站"。

我们在睡梦中错过了塔里木河大桥上塔河的一瞥。那宽阔的塔里木河汇聚了阿克苏河、叶尔羌河、和田河，然后无怨无悔地流向塔克拉玛干沙漠的腹心，塔里木河两岸的胡杨秋影想必也美不胜收。当时睡梦中的相失却成了日后对着《汉书·西域传》的相思："其河有两源：一出葱岭，一出于阗。于阗在南山下，其河北流，与葱岭河合……"

路边整齐排列的胡杨树立在公路两侧，远处石油工地的灯光清晰可见。错过塔河的怅然让我们无法再次入眠。

后记：
丝路返程

从乌鲁木齐42个小时火车回到南京。沿途从达坂城风车到戈壁日落日出，再沿着河西走廊从西域返回中原，历经了暮色中黄土高原的梯田与群羊，迎来了黄淮流域云里雾中的朝阳，再到熟悉的青砖黛瓦与亲切的鸣禽水塘；美景依然在途中。

值得回味的是武威白塔寺，在经过白塔寺时我们看到了远处的祁连积雪。而来时武威下雨，密布的阴云中茫然一片。

接着看到了乌鞘岭两边的山势，祁连山如同白头翁一样靠着乌鞘岭。进了乌鞘岭隧道，看着表计时，火车以每小时一百多公里的速度穿行了十二分钟。在隧道的两边有我们徒步翻越的记忆。

火车经过兰州之后，沿着定西、天水、宝鸡一线进入陕西。这是丝路的一条支线，五年前曾为了天水麦积山的石窟、宝鸡的周代青铜器、岐山五丈原、扶风法门寺、兴平马嵬驿等而专程走访过。火车又行驶在层层叠叠的黄土垄上，看着夕阳照在黄土高原上，实在是美不胜收。

当我们第三天早上看到熟悉的江淮

河道边婆娑的树影时不禁说道：我们回来了，一路的火车上也有醉人的风景。

在归途的火车上，我们回顾了这两个月的旅途，每一天每一夜，我们的经历、印象、记忆……最初就浓缩在这几张白纸之上。这些简单的记录就是这本书的提纲。谁说旅行只是人在路上？心和文字在一起也一样可以继续旅行。

这次丝路之行我们先读了半年书，再做了半年攻略，接着两个月的旅行、三个月的回顾。在旅行之前留下了五十多天的详细计划，二十万字的背景摘录；旅行中留下了一万两千张照片、三万字的手稿；旅行后整理了十几万字的游记。对于非职业的旅行者和作者来说，这样的举动或许有些强迫症，而我们将之归咎于徐霞客。

两千年的丝路两个月追溯，两万里的行程两个人行走。旅行总会遗憾，但这些遗憾会激发我们再一次踏上这条漫漫长路。

最后感谢我们的父母、长辈，感谢他们对我们旅行的支持。感谢北京大学出版社的编辑们对本书提出了很多指导建议。感谢身边的朋友们，特别是阅读样稿并提出很多好意见的张国栋、蒋杰，地图制作的指导者王丹，还有王姐等一路陪我们旅行的司机师傅们。没有他们就没有这本书。